개인택시 규제완화 끝까지 맞서다

누구도 알지 못했던 택시업계의 두 얼굴

개인택시 규제완화
끝까지 맞서다

황대수 지음

모아북스
MOABOOKS

저는 1968년도에 택시운전을 시작하고 1977년도에 부산 개인택시 사업면허를 취득한 이후 지금까지 제 삶의 거의 모두를 대한민국 개인택시의 발전과 함께 해왔습니다.

논 20마지기 값에 코로나 택시를 구매하여 택시기사로서 처음 운전대를 잡았던 새파란 청춘 시절의 꿈을 저는 아직도 기억합니다. 그 후 부산 개인택시조합 이사장이 되어 택시 발전을 위해 이리 뛰고 저리 뛰던 시절을 거쳐 강산이 여러 번 바뀌는 반세기의 세월 동안 저는 개인택시 업계의 최전선에서 잠시도 쉰 적이 없습니다. 그래서 사람들은 저를 일컬어 대한민국 개인택시의 '산 증인'이라고 부릅니다.

그러나 개인의 삶을 희생하면서까지 일궈낸 보람찬 성과들에도 불구하고 저는 억울한 누명을 쓴 채 소송에 휘말려 10년 넘는 세월 동안 진실을 위해 맞서 싸워야 했습니다. 그 억울한 누명이란 택시정보화사업 실패의 책임이 저에게 있다는 것이었습니다.

2002년 한 · 일 월드컵을 앞두고 본격 시행 단계에 있다가 실패로 돌아갔던 '택시정보화사업'은 시대를 앞서간 획기적인 아이디어와 IT기술 및 서비스를 택시에 적용한 사업이었습니다. 위성콜이나 카드결제, 동시통역 서비스 등, 정보화시대가 된 지금은 일상화된 많은 것들을 무려 15~20년 전에 시도하였습니다.

그 당시 국내는 물론 해외 선진국에서도 그 사례를 찾기 힘들 정도여서 각종 언론에 대서특필되었던 것을 많은 분들이 기억하실 것입니다. 그것은 불가능을 가능으로 만든 것이었고, 택시 역사상의 신기원을 이룬 것이라 해도 과언이 아니었습니다.

저는 직접 이 사업을 단계별로 실행에 옮기고 추진한 당사자로서 커다란 포부를 가지고 있었습니다. 이웃나라 일본은 물론이고 유럽 선진국들을 능가하는 대한민국 택시의 앞날을 꿈꾸었습니다.

그러나 저의 희망은 무참히 깨어지고 말았습니다. 대체 왜 이런 일이 벌어진 것일까요? 왜 저는 억울한 누명을 써야 했으며, 부산 개인택시 조합원들까지 피해를 입어야 했을까요?

개인택시 사업자들이 꼭 알아야 할 진실은?

이 책은 위에서 말한 '왜?' 라는 질문에 대한 답을 위해 썼습니다. 저는 이 책을 통하여 대한민국 16만 5천 개인택시 사업자들에게 다음과 같은 점을 꼭 알려주고 싶습니다.

첫째, '사실' 입니다.

15년 전 택시업계의 판도를 뒤흔들며 국내 택시의 발전을 앞당길 뻔했던 택시정보화사업이 어떻게 해서 시행 단계에서 물거품으로 돌아갔던 것인지 그 사실관계를 정확히 알리고자 합니다.

둘째, '진실' 입니다.

'부산 개인택시 조합 이사장으로 활동하던 저의 임기 중 최고의 하이라이트였던 것이 바로 택시정보화사업입니다. 그런데 이 사업을 추진하던 중에 저는 갑자기 실패 책임자의 누명을 쓰고 조합에서도 열외가 되어 십 수 년 동안 고난의 세월을 보내야 했습니다. 이런 일이 왜 일어났고, 조합에 100억 원 대의 피해를 입힌 이 사건의 진실이 무엇인지에 대해 이제는 제대로 말하고자 합니다.

셋째, '역사' 입니다.

부산 개인택시 조합이 탄생하고 발전한 과정은 그야말로 척박하고 어려운 환경 속에서 수많은 조합원들의 봉사와 희생 없이는 이룰 수 없는 것이었습니다.

조합원의 권리와 혜택을 최우선시하였던 여러 복지사업, 새마을금고, 공제사업 등 기존의 틀을 깨며 일궈낸 자타공인 국내 최고 수준의 성과들에 대하여 그 역사를 되돌아보고자 합니다. 이를 통하여 우리나라 개인택시가 서로 단합하는 것이 얼마나 중요한지를 이야기하고자 합니다.

넷째, '미래' 입니다.

우리나라 개인택시는 합리적인 제도만 뒷받침된다면 얼마든지 지금보다 훨씬 더 나은 세계 최고 수준의 서비스를 시민들에게 제공할 수 있습니다. 그럼에도 불구하고 여러 가지 모순되고 불합리한 개인택시 규제 법령들 때문에 손발이 묶여 있습니다.

이로 인해 개인택시 사업자 본인들이 피해를 입고 있을 뿐만 아니라, 택시를 이용하는 국민들도 고스란히 불편함을 떠안고 있는 것이 현실입니다. 어떤 원인 때문에 이런 문제가 해결이 되지 못하고 있는 것인지 정확히 알아보고, 앞으로 개인택시업계가 살아남고 발전하기 위해서는 무엇을 변화시켜야 하는지 이야기하고자 합니다.

대한민국 개인택시 50년 변천사와 함께 미래를 위하여

누군가는 이렇게 물을지도 모르겠습니다. 일평생 개인택시에 모든 열정을 바쳐왔다는 것을 알 만한 사람은 다 알지 않느냐고, 비록 소송에 휘말려 고난의 시간을 보내왔지만 이제는 법적으로 명명백백하게 저에게 잘못이 없었음이 밝혀졌으니 남은 인생은 좀 편안하게 쉬면서 지내도 되지 않겠느냐고 말입니다.

그러나 저에게는 더 큰 꿈과 열정이 있습니다. 아직도 못다 한 꿈이 오히려 더 많이 있습니다. 제 개인의 삶은 물론이고 부산 개인택시 조합 전체의 발전을 가로막았던 법정소송의 진실을 떳떳하게 밝히는 것에서 한 발 더 나아가, 이제는 대한민국 개인택시의 앞날에 희망을 주고 싶습니다.

오랫동안 쌓여온 문제를 해결하기 위해서는 제일 먼저 제도와 정책이 변화해야 합니다. 변화를 만들기 위해서는 힘이 있어야 하고, 힘을 내기 위해서는 모두가 상생할 수 있도록 단합을 해야만 합니다.

제가 이 책을 통하여 현장 전면에서 몸소 경험한 택시사업 변천사를 가감 없이 정리한 이유는 과거의 역사를 알면 지금을 현명하게 볼수 있고, 지금을 정확히 알면 미래가 보이기 때문입니다. 그래서 그간의 기억을 더듬고 명확한 참고자료를 근거로 하여 우리나라 택시의 50년 변천사를 생생하게 정리하였습니다. 또한 16만 5천 명의 개인택시의 사업자가 가야 할 방향을 제시하였습니다.

국내에 운수사업 전문가는 있어도 개인택시 전문가는 많지 않을 것입니다. 독자 여러분들이 이 책을 통하여 개인택시의 과거와 현재를 알고 미래를 조망할 수 있을 것이라고 감히 자부합니다.

불합리한 것들을 개선시키고 개인택시 단합의 구심점을 다시 만들기 위해 저의 남은 열정을 불사르고자 합니다. 그리하여 모쪼록 모든 시민들이 믿고 편리하게 이용할 수 있는 개인택시로 대한민국 택시 전체가 발전할 수 있는 길을 만들고 싶습니다.

황대수

Chapter 2

택시업계,
이제는
시장논리에
맡겨야 서비스가
살아난다

Chapter 3 ———

택시정보화 사업
때문에 100억에
얽힌 소송의 전말

Chapter 4

개인택시와
함께 한
나의 50년 인생

Chapter 5 ──────

부산개인택시
조합의
파란만장한
역사와 함께

Chapter 6

부산개인택시
조합의
빛나는 사업들

Chapter 1

개인택시면허제도
법 개정과
규제 완화만이
살 길이다

1968년 부산 지입택시를 구매,
1973년 지입택시 대표가 되고,
1977년 개인택시 사업면허 확대
첫 해에 면허를 취득하고,
부산개인택시조합 이사장으로
20년 간 일하였으며,
전국개인택시조합 연합회장으로
3년간 일하였다.
대한민국 개인택시 반세기 역사와
삶 전체를 함께 해온 '산 증인' 임을
감히 자부할 수 있다.
업계의 부조리와 횡포 근절을 위해
밤낮으로 노력하면서
우리나라 개인택시 업계의 생태를
뼈아프게 경험하였기에,
이제는 앞날을 위한 개혁과
더 나은 미래를 꿈꾸고 있다.

1 개인택시 면허, 어떻게 발전했나?

저는 1968년 회사택시의 지입차주 및 부산 지입택시 2,700대의 대표로 활동한 이래 업계의 부조리와 횡포 근절을 위해 밤낮으로 노력하면서 우리나라 택시업계의 생태를 뼈아프게 경험하였습니다.

1977년 개인택시 사업면허 확대 첫 해에 면허를 취득한 이후, 저는 부산 개인택시 조합 이사장으로 20년을 몸 바쳐 일하였습니다. 또한 전국 개인택시 조합 연합회장으로 3년간 일한 바 있습니다. 자타 공인 대한민국 개인택시의 역사와 삶을 함께 해온 산 증인이라고 감히 자부합니다.

그렇다면 대한민국 개인택시는 처음에 어떻게 시작되었고 어떤 과정을 거쳐 오늘날에 이른 것일까요?

1. 우리나라 택시사업 초기에 어떻게 진행되었는가?

우리나라 택시사업은 자동차운송사업의 틀이 갖추어지기 전에 감독과 단속의 소홀함으로 인해 택시회사 명의자는 잠시 회사 명의만 빌려주고 '지입료'를 받아 수입을 늘리는 변태영업으로 시작되었습니다.

이와 같은 변태적인 영업이 계속되자 교통부는 1960년 5월 27일 이를 바로잡기 위해 자동차교통사업면허 방침을 527고시로 발표하였습니다. 이 조치는 지입제를 폐지하고 기업화를 유도하는 조치였지만 지입차주들의 적극적인 반대로 사업주와 지입차주들 간의 반목만 키우고 실패하였습니다. 그러나 어쨌든 지입제의 폐지를 제거하려는 교통부의 의지는 계속되었습니다.

654고시

1961년 7월 15일 교통부는 영업용 차량의 지입제를 전면 폐지하고 자동차운수사업의 기업화로의 유도방안인 654고시를 발표하였습니다. 그러나 사업자들과 지입차주들의 강력한 저항과 반대에 부딪쳐 정책은 실효를 거두지 못하였고 이용 승객에 대한 서비스 향상은 외면하고 날마다 업주의 몫, 차주의 몫과 운전기사의 불평불만으로 분쟁만 계속되었습니다.

이 같은 시기에 설상가상으로 1963년 11월 15일에는 전국 자동차 운전자 노동조합까지 만들어져 분쟁은 더욱 심화되어 사회문제로까지 발전하였습니다.

1111호 고시

1965년 9월 15일 교통부는 고시1111호 자동차운송사업체 기업화 방안을 발표했습니다. 이 고시의 발표 배경과 내용은 대다수 654고시의 보완 조치였습니다. 그러나 고시의 중요 내용 중 구역업종 항목에 개인택시면허제의 경영방법을 신설한 것이 지금의 개인택시면허제도의 시원이 된 것입니다.

당시 교통부는 고심 끝에 택시회사에 경각심을 주고 기업화를 촉진할 의도를 키우고, 택시기사들에게는 장기간 무사고 운전을 하면 1대의 개인택시 사업을 할 수 있다는 희망을 주자는 취지에서 극소수의 운전자에게 포상의 개념으로 개인택시 면허를 주게 된 것입니다.

2. 개인택시 면허제도의 도입 동기와 조건

우리나라 개인택시 면허는 회사택시의 기업화를 위해 자극제가
되고, 모든 운전자들의 무사고를 유도하고 희망을 주자는 취지에서
교통부 고시 제1111호의 조치에 따라 1965년 9월 15일 공포된 자동
차운수사업법 시행규칙(교통부령 제204호) 제9조(면허심사의 특례)
에 근거하여 다음과 같은 조건에 해당하는 운전자에게 개인택시면
허를 할 수 있도록 하였습니다.

① 5년 이상 무사고 운전자(운전경력은 15년 이상 경력자)
② 직접 운전할 것
③ 1대만 보유할 것
④ 차고지를 가질 것(공동주차장은 불가)
⑤ 자동차운수사업법 제5조제1호 내지 제3호의 결격사유가 없을 것
⑥ 책임보험과 차체보험에 가입할 것
⑦ 전화를 가질 것
⑧ 관할도의 사업조합에 가입할 것

교통부 시행규칙 15조(면허의 특례) "무사고 사업용 차 운전자에게
본인이 직접 운전하는 조건으로 1대의 면허를 할 수 있다"는 규정은

사업용 운전자들의 사기 진작과 안전운전을 유도하기 위한 방안으로 극소수 운전자에게 본보기로 포상하기 위한 제도라 할 수 있습니다.

그러나 조건이 너무 까다로워 당시 중산층이 아니면 무사고 운전경력이 있어도 개인택시면허신청을 할 수 없었습니다. 그래서 1965년에 개인택시면허제도가 시행되었으나 2년이 경과되어도 전국에서 단 한 명도 해당 자격자가 없었습니다. 그래서 교통부는 개인택시 면허조건을 완화하여, 1967년 7월 20일에 서울시에서 우리나라 최초로 4명에게 개인택시 사업면허를 주었습니다.

3. 개인택시면허의 확대 과정

이후부터 서울에서는 매년 수십 대씩 개인택시가 증차되었고, 부산시도 1970년에 3대의 개인택시가 최초로 면허가 되었습니다.

개인택시 면허는 점점 확대되어 1976년 말까지 우리나라 전체의 개인택시 면허 대수는 서울 654대, 부산 3대, 경기 29대, 강원 57대, 충북 15대, 충남 10대, 전북 1대, 전남 14대, 경북 23대, 경남 50대로 총 856대로 확대되었습니다.

부산시는 1977년도 상반기에 106대, 하반기에 198대 등 1년에 2번에 걸쳐 304대에 개인택시 사업면허를 발급하였습니다. 이듬해인 1978년에도 388대가 증차되었습니다.

개인택시 면허 확대 정책으로 인하여 회사택시 직영화 유도에 기대 이상의 성과를 거두었고, 모든 사업용 차 기사들에게 무사고 운전 분위기를 조성하는 긍정적 성과를 거두었습니다. 그리고 택시를 이용하는 시민들에게도 새롭게 등장한 개인택시가 깨끗하고 안전한 이미지로 인식되었습니다. 개인택시 증차는 전국적으로 계속 확대 실시되었습니다.

위에서 지적한 내용과 같이 개인택시면허제도 시행 동기는 회사택시의 고질적인 지입제 운영을 근절하기 위해 택시회사에 경각심을 주고, 택시기사들에게는 희망과 배려를 한다는 취지에서 시작되었습니다.

당시 상황으로는 운수사업의 기업화는 여러 가지 사회 여건상 쉽지 않아 교통부의 527고시와 654고시 등 특별조치에도 불구하고 분쟁이 계속되었습니다. 분쟁에 진저리가 난 교통부는 이와 같은 분쟁의 요소를 없앤다는 취지에서 택시 1대를 본인이 직접 운전하는 조건으로 개인택시면허를 시작한 것을 알 수 있습니다.

개인택시가 소수일 때는 본인이 직접 운전해야 한다는 면허 조건에 대한 문제가 여러 가지 있어도 무시하고 넘어갈 수 있었습니다. 그러나 세월이 흐르고 시대가 바뀌어, 개인택시가 우리나라 전체 택시의 60%를 차지하는 주력 택시가 되면서 많은 문제가 발생되고 있습니다. 따라서 개인택시면허제도인 운수사업법 시행규칙 제15조(면허의 특례)는 반드시 개정되어야 합니다. 이미 개정되었어야 했는데 그 시기를 놓친 감이 있습니다.

4. 개인택시 신규 면허의 금지

우리나라 운송사업이 시작되면서 20년간 택시사업을 독점해온 회사택시 업계에서는 개인택시사업면허가 전국적으로 확대실시 되고, 시민들도 개인택시를 선호하는 것을 보고 긴장하기 시작하였습니다. 당시 회사택시들은 전국 버스연합회, 화물연합회와 연대하여, 개인택시 사업면허 확대로 인해 무사고 운전 경력자가 개인택시로 떠남으로 인해 고급 경력자가 부족해진다는 등의 이유를 들어 교통부에 개인택시 사업면허 중지 건의를 강력하게 하였습니다. 개인택시 면허를 확대할 경우 회사택시의 기업화 추진 의욕을 상실할 우려가 있다는 등 전방위적으로 개인택시 확대를 중지하라는 건의와 노력을 하였습니다.

결국 교통부는 1978년 8월 말 현재 이미 운행을 개시한 경우만 증차하고, 별도 지시가 있을 때까지 개인택시 면허를 중지하라는 지시를 하였습니다. 이로 인해 1979~1980년도 2년 간 전국적으로 개인택시 면허가 중지되었습니다.

5. 한시택시의 탄생과 개인택시 운송사업 면허의 재개

1979년 4월 12일 교통부는 지입차주와 지입차를 일소하여 이로 인한 부조리를 제거함으로서 택시업계를 정화하고자 택시 직영화 특별보완조치를 발표하였습니다. 이 조치에 따라 한시택시가 탄생하였습니다.

교통부의 택시 직영화 내용은 다음 2가지입니다.

첫째, 1979년 4월 12일 현재 모든 지입차주에게 회사로부터 분리하여 시한부 면허를 부여하되 현재 보유하고 있는 차량의 잔존 차령과, 1회에 한하여 노후차 대체를 한 차량의 차령을 합친 기한까지의 한시면허를 해준다.

둘째, 지입회사의 지입차주에 대한 면허 권리금 요구는 할 수 없고, 본 조치로 면허 대수 미달이 된 경우 택시회사 면허취소는 하지 아니한다.

그리고 1978년 8월 24일 개인택시 운송사업 면허를 금지하였던 조치는 2년 후인 1980년 11월 1일자로 해제하고, 한시택시 면허자 중 자격이 되는 경우 개인택시 사업면허를 할 수 있도록 하였습니다.

이와 같은 교통부의 택시 직영화 특별 보완 조치로 개인택시 면허는 활성화되기 시작하였습니다. 교통부는 1981년 11월 1일 택시여객 운송사업 경영 요강을 발표하면서 1978년 8월 24일에 개인택시면허를 금지하였던 조치를 해제하고 각 시도에 신고한 위장직영차량의 지입차주와 한시택시사업자 중 개인택시면허 자격이 있는 자에게 개인택시면허를 허가하였습니다.

6. 개인택시 신규면허 확대조치

1982년 4월 27일 교통부는 88서울올림픽을 대비하여 택시 교통 종합 개선방향을 마련하였습니다.

이 대책의 기본 방향은 택시를 준 대중교통수단으로 정립하고 회사택시와 개인택시를 지역별로 균형 있게 증차하여 택시의 공공성 및 공익성 확보를 위해 이원화하는 것이었습니다.

세부내용으로는 상대적으로 숫자가 적은 개인택시를 전체 증차 대수의 70%, 회사택시는 30%로 증차하도록 공급 기준을 마련하였 습니다. 이와 같은 교통부의 정책에 힘입어 개인택시 면허가 확대 시 행된 지 20여년 만에 개인택시는 약 16만 5천 대가 면허되어 회사택 시보다 수적으로 우위가 되었습니다.

최종호(전)부산시장이 발대식을 끝내고 격려하고 있다.

한편 시 이상 도시의 인구비례 택시 증차기준을 책정하였습니다. 책정 기준은 인구 100만 명 이상의 도시는 인구 400명당, 50만 이상의 도시는 450명당, 20만 이상 도시는 500명당, 10만 이상의 도시는 550명당, 5만 이상 도시는 600명당 택시 1대씩 증차하는 것이었습니다. 그리고 그 이후는 오히려 택시증차 비율을 회사택시를 70%, 개인택시를 30%로 기준을 바꾸기도 하였습니다.

이와 같은 과정을 거치는 동안 우리나라 택시는 회사택시든 개인택시든 기하급수적으로 증차되었던 것입니다.

특히 회사택시는 한시택시로 빠져나간 T/O를 채우기 위해 개인택시를 3부제로 밀어붙이면서 증차공간을 만들어 기존 택시사업자들의 이익배정으로 증차를 받았기 때문에, 택시가 과잉공급이 되는 원인이 되기도 하였습니다.

7. 택시의 구조조정과 향후 택시의 과제

이제 택시는 포화상태입니다. 구조조정을 하기 위해 2016년 부터 택시운송사업의 발전에 관한 법률을 제정하여 택시 감차를 위해 각 시도마다 진통을 겪고 있습니다.

그러나 택시 구조조정을 위해 돈을 주고 사들이는 방법으로는 불가능합니다. 그 이유는 현재 우리나라가 다른 선진국에 비해 인구대비 택시 공급대수가 3배 이상이기 때문입니다. 1년에 몇 십 대, 몇 백 대의 감차는 자연감소분도 따라잡을 수 없습니다. 또한 이제는 전기 자동차나 무인운전 자동차 등장 등 자동차 문화가 바뀌고 있으므로, 수송 수요를 예측할 수 없는 급변하는 문화를 인위적으로 관리하기는 어려울 것입니다. 게다가 자유시장원리를 표방하는 민주국가에서 인위적으로 택시문제를 해결하려는 것은 넌센스나 다름없다 하겠습니다.

[이거알아요?]

개인택시 운수사업법 개정 변천사

◎ 운수사업법 제4조(면허 등)
3항. 여객자동차운송사업의 질서를 확립하기 위하여 필요한 조건을 붙일 수 있다. (2013.3.23. 개정)

◎ 운수사업법시행령 제5조(운전경력 등 별도의 면허 기준이 요구되는 여객운송사업)
제5조. 1항 3조에 따른 운전경력 등의 면허기준이 적용되는 여객운송사업을

개인택시운송사업으로 한다.

◎ 운수사업법시행규칙

제16조(사업면허)

② 관할관청은 제1항에 따라 지정된 일시에 시설등을 확인한 후 시설등이 제 14조 1항에 따른 기준을 충족할 때는 면허를 하여야한다. 이 경우 지역실정과 운송질서의 확립 등을 위하여 필요하다고 인정하면 법 제4조 3항에 따라 조건을 붙여 면허할 수 있다.

따라서 지금이라도 모든 불필요한 규제를 풀고 같은 조건과 선상에서 자유경쟁으로 시장에서 구조조정이 될 수 있는 정책으로 가야만 합니다. 선의의 경쟁을 하다 보면 서비스는 기대 이상으로 향상될 수 있고, 지금 진통을 겪고 있는 택시기사 고령화 문제도 자연스럽게 해결될 것입니다.

현재 우리나라 전체 택시의 60%를
개인택시가 차지하고 있다.
개인택시는 수적인 면에서 볼 때
우리나라 택시를 대표하고 있는 것이다.
이것은 통계 수치가 증명하는
명백한 사실이요 현실이다.
따라서 정부의 택시 정책도
회사택시와 개인택시가
다 같이 골고루 발전할 수 있게
기본 방향을 두되, 정책의 방향은
그동안 도외시하였던 개인택시 발전에
초점을 맞추어야할 시기가
비로소 도래한 것이다.

2 개인택시 면허 확대 과정의 진실

〈당시 교통부 조치〉

* 1979년 4월 12일 모든 지입차주를 회사로부터 분리하여 시한부 택시면허를 부여하되 현재 보유하고 있는 차량의 잔존 차령과, 1회에 한하여 노후 차 대체를 한 차령을 합친 기한까지의 한시면허를 하며,

* 지입차량의 분리, 면허로 감차되는 법정 대수는 말소를 원칙으로 하고,

* 1976년 6월 1일 이후, 택시 직영 요령을 위반한 업체와 본 조치 시행에 비협조적인 업체는 감차 조치할 것이며,

* 지입회사의 지입차주에 대한 면허 권리금 요구는 할 수 없다.

* 본 조치로 면허 대수 미달업체로 된 경우 면허취소 조치는 하지 아니하며,

* 1978년 8월 24일자로 개인택시 운송사업 면허를 금지하였던 조치를 해제하고, 각 시도에 신고한 한시택시 사업면허자가 개인택시 면허자격을 구비한 경우는 신청에 의하여 개인택시 면허를 하도록 하였다.

교통부의 위와 같은 조치로 개인택시 면허는 급격히 확대되었고, 이후부터 회사택시는 한시택시 면허로 법정 대수를 채우기 위해 증차 노력을 경주하고, 더 많은 증차 이익 배정을 받기 위해 개인택시 부제를 유도하여 수요와 상관없이 증차가 되었던 것이 사실입니다.

위에서 지적한 내용과 같이 개인택시면허 발급 동기는 교통부가 1965년 공포한 교통부 고시 제1111호에 잘 나타나 있습니다.

'본인이 직접 운전해야 한다' 라는 조항은 합당한 근거가 없다

당시 교통부는 자동차 운송사업체의 지입제 경영에서 파생되는 사업주, 차주, 운전기사 간의 갈등이 심화되어 분쟁이 지속되었습니다. 당시 운전기사들은 자기들에게 1대씩 면허를 주어 자동차사업을 할 수 있게 해주었다면 자동차 운송사업이 이러한 상태가 되지 않았을 것이라는 여론이 비등했습니다.

한편 교통부는 기존 자동차 운송 업계가 조기에 체질개선될 것 같지 않았기 때문에 이용 시민에게 좋은 서비스를 제공하고 기존 사업자에게는 기업화 촉진의 자극제가 될 수 있는 방안으로 시작된 것이 개인택시 면허제도의 시행동기입니다.

그러나 '본인이 직접 운전해야만 하는 제도'가 어떤 장점으로 시작된 것인지에 대한 근거는 전혀 없었습니다.

개인택시 면허 당시에는 지입제도로 인한 회사와 차주 그리고 차주와 운전자 간에 발하는 갈등을 해소하는 차원에서 직접 운전하는 조건으로 면허된 것을 확실히 알 수 있습니다. 그런데 개인면허가 우리나라 전체택시의 3/5이 될 때까지, '본인이 직접' 운전하는 면허 조건으로 인해 개인택시 기능이 70%로 밖에 쓰이지 못하는 장애택시를 양산하게 된 것입니다.

이용자의 불편을 가중시키고 제도의 보완도 없이
16만 5천 대가 공급된 현실!

'면허권자 본인이 직접 운전하여야 한다'는 규제는 따지고 보면 택시업계의 성장이나 발전을 가로막는 이해할 수 없는 규제입니다.

승용차 운전이란 성인이면 너나없이 다 할 수 있는 것이 상식입니다. 게다가 아무리 열심히 오래 사업을 하더라도 '택시 1대 이상은 할 수 없다'는 규제의 발상은 도대체 무엇을 위한 발상인지 도저히 이해하기 어려운 발상입니다.

또한 택시운행을 2일만 하고 3일째는 못하도록 소위 3부제로 발을 묶어 놓고 계속 증차만 하는 교통정책은 누구를 위한 정책일까요?

눈비 오는 날, 시외버스터미널, 기차역, 명동이나 강남 같은 번화가, 자정 전후의 밤늦은 귀가 시간에 택시를 못 잡아 시민들은 발을 동동 구르고 이리 뛰고 저리 뜁니다. 그런데 택시는 3부제로 묶여 있어, 시민들이 애태우는 그 시각에 차고에서 잠을 자야 잡니다.

정말로 국민들에게 불편이 없도록 하기 위해서는 개인택시 면허 제도를 필수적으로 개선한 후에 개인택시를 확대했어야 했습니다. 그런데 교통부에서는 단순히 포상 개념에서 무사고 운전 경력자에게 '본인만 직접 운전' 할 것을 조건으로 우리나라 전체 택시의 3/5에 해당하는 개인택시 면허를 확대하는 우를 범한 것입니다.

법인택시와 개인택시가 평등한 조건에서
치열한 선의의 경쟁을 한다면
택시 구조조정은 오늘날의
'시장경제 원리'에 의하여
자연스럽게 해결될 것이다.
택시 서비스의 개선은 오로지
시장경제에 의한 선의의 경쟁밖에 없다!
그렇게 되면 승객이 있는 곳에는
언제 어디든 택시가 달려갈 수 있다.
정부도, 택시 이용 시민도,
택시 사업자도, 모두 '윈윈(win-win)'할
길을 반드시 찾게 될 것이다.

3

운수사업법 시행규칙 제15조(면허의 특례) 규정이 개정되어야만 할 6가지 이유

개인택시운송사업 면허조건 중 본인이 직접 운전해야 한다는 조건은 택시이용자에게도 개인택시에게도 정부에도 백해무익한 잘못된 조건이기 때문에 개정되어야 합니다.

본인이 직접 운전하는 조건으로 면허를 내준 이유는 앞서 설명한 개인택시면허제도 시행동기에 잘 나타나 있습니다.

우리나라 운송사업이 발전을 시작하던 초창기 때 택시사업 지입제의 변태영업으로 택시회사와 지입차주, 운전기사 간에 갈등과 분쟁이 계속되어 교통부는 여러 가지 정책수단으로 지입제도의 근절을 위해 노력하였지만 20여 년 동안 지입제는 근절되지 않고 회사, 차주의 분쟁은 계속되었습니다. 이와 같이 분쟁에 진저리를 격은 교통부는 개인택시면허제를 검토하면서 택시 1대를 본인이 직접 운전하라는 면허의 특례 규정을 만든 것입니다.

개인택시면허 초창기에는 이 제도 때문에 개인택시의 70~80%가 기능장애를 가지게 될 것이라고는 아무도 생각하지 못했을 것입니다. 그래서 소홀히 생각하고 개인택시를 계속 양산한 것입니다.

그러나 우리나라가 산업화시대를 지나 선진국으로 발전하면서 지하철을 비롯하여 다양한 교통수단이 제자리를 메우고 자가용은 인구 2인에 한 대꼴로 확대되고, 택시수송 분담률은 급격히 줄어들어 1회용 자가용 기능인 고급교통수단으로 자리잡기 시작하였습니다.

이로 인해 70~80%의 기능장애를 가진 개인택시는 경쟁력이 떨어져 수입은 급감하였고, 부양가족이나 취학 자녀가 있는 젊은 운전자들이 개인택시를 떠나면서 고령운전자들이 늘고 있는 것이 현실입니다.

따라서 이제는 더 이상 개인택시에 치명적인 규제를 가하고 있는 잘못된 운수사업법 시행규칙 제15조(면허의 특례) 규정은 개정되어야 하고, 본인이 직접 운전하는 조건을 핑계로 2일 영업하고 3일째는 영업을 제한하는 행정 규제는 폐지되어야 한다는 것입니다.

택시 부제와 불필요한 규제를 과감히 풀고 시장원리대로 가면 다음과 같은 문제들이 해결됩니다.

규제완화시 기대되는 효과

1. 회사택시와 개인택시가 같은 조건에서 치열한 선의의 경쟁을 한다면 택시 구조조정은 시장경제 원리로 해결될 것입니다. 택시 서비스 개선은 선의의 경쟁밖에 없습니다. 그렇게 되면 승객이 있는 곳에는 언제 어디든 택시가 있을 것입니다.

2. 개인택시 자격자 운전과 부제 해제로 인하여 16만 5천 명 이상의 고용 창출은 물론이고 택시의 승차난이 완전히 해소될 것입니다.

3. 정부와 택시 이용자가 염려하고 우려하던 운전기사 고령화 문제가 일시에 해결됩니다.

4. 도심 교통난 주차난 해소에도 크게 도움이 될 것입니다. 경쟁력이 없는 불필요한 택시가 점점 사라지기 때문입니다. 이것이 바로 시장의 원리입니다.

5. 본인만이 운전을 해야 한다는 특수한 제도로 인하여 별도로 제정된 수많은 운수사업법 시행령과 시행규칙이 더 이상 필요 없어집니다.

6. 택시 구조조정을 목적으로 제정된 택시발전법도 존재할 이유가 없어집니다.

따라서 직접 본인이 운전하여야 한다는 조건은 즉시 '일정한 자격자가 운전' 할 수 있도록 개정되어야 하는 것입니다. 아울러 개인택시 3부제 규제도 즉시 없애고, 택시정책은 오로지 시장 원리에 따라 서비스경쟁으로 발전하고 구조조정이 되어야 합니다.

이와 같은 정책이 실현된다면 감차를 위해 제정된 택시발전에 관한 법률은 당연히 필요치 않을 것입니다. 또한 개인택시를 자격자가 운전할 수 있게 되면 회사택시와의 불공정한 경쟁은 사라지고 택시기사 고령화문제도 해결될 것입니다.

이와 같이 택시정책을 시장원리대로 운영한다면 손님이 있는 곳에 항상 택시가 있어 이용시민의 불편은 완전히 해소될 것입니다.

저는 운수사업법 시행규칙 제15조(면허의 특례) 규정이 개정되면 정부(건설교통부)도, 택시 이용 시민도, 개인택시 사업자도 모두 '윈윈' 할 것이라 확신하며, 이를 위해 혼신의 노력을 다할 각오가 되어 있습니다.

4

양도 · 양수 문제와 자격면허 논란 해결해야 한다

　그동안 개인택시 사업면허 양도 · 양수가 수없이 시비가 되어 왔습니다. 일각에서는 개인택시는 '일정한 자격이 있는 자'에게 면허된 것이기 때문에 '자격면허'라는 이유로 양도 · 양수가 불가능하다고 주장하고 금지하기도 하였습니다. 초창기 몇 년 동안은 양도와 양수를 불허함은 물론이고 개인택시 사업면허권자가 사망할 경우 사업면허가 취소되고 개인택시 차량은 폐차 처리 되었습니다.

　1979년 당시 저를 비롯한 서울 개인택시조합 이사장(당시 관선이사장) 등 전국 개인택시 이사장들이 당시 내무부장관(구자춘)을 면담하면서 "개인택시면허가 자격면허라는 이유로 양도와 양수가 불허되고 있어 개인택시 사업자가 건강이 좋지 않거나 사망할 겨우 또는 적성에 맞지 않아 전업하고자 할 때 면허도 버려야 하고 등록된 차량도 번호가 없어 고철이 되어 전국에 수많은 가정이 생계 위협을 받고 있습니다."라는 사실을 설명하고, 법을 고치기 쉽지 않으면 행정의 융통성을 발휘하여서라도 택시 사업자들에게 생계 위협이 되지 않도록 도와주십사 호소하였습니다.

당시 내무부장관은 이와 같은 애절한 호소를 수용하여 행정의 융통성으로 개인택시 양도가 될 수 있도록 하라는 지시가 있었습니다.

그때부터 개인택시 사업자가 사망할 경우 직계가족들의 동의를 받은 대표가 개인택시 면허자격을 가진 운전자를 지정 또는 추천하면 그 자격자에게 개인택시 면허를 발급하는 방법으로 사실상 양도가 시작되었던 것입니다.

이와 같은 방법으로 수십 년간 양도된 개인택시가 80%가 넘습니다. 그러나 지금도 개인택시는 '면허권자 본인이 직접' 운전하여야 한다는 조건 때문에 여전히 자격면허 논란이 문제되고 있는 현실입니다.

첨단 교통수단이 다양해지고
자가용 비율이 높아지면서
택시 이용률은 줄어들 수밖에 없다.
그런데도 1960~70년대에 적용되던 정책을
아직까지 적용하고 있으니 여기저기에서
문제점이 드러날 수밖에 없다.
그 결과 택시업계, 시민, 정부 모두가
굳이 겪지 않아도 될
고통과 불편을 감수하고 있는 것이
바로 지금의 택시업계의
불합리한 현실이다.

5

변화의 기로에 선 택시,
어떻게 미래를 대비해야 하는가?

앞서 말한 것처럼 택시사업은 개발도상국과 중진국일 때는 성업했다가 국가 경제 발전과 함께 점차 사양산업이 됩니다. 이것은 전 세계 역사가 말해줍니다.

우리나라도 선진국 대열에 들어설수록 택시는 예전과 같은 기능을 하지 못하게 될 것입니다. 대중교통 수단이 다양해지고 자가용 비율이 높아지면 택시 이용률은 줄어들 수밖에 없습니다. 특히 첨단 IT 기술이 발전하고 운전 자동화마저 실현되고 있는 시대가 도래 하였습니다.

상상도 못하던 '무인택시'가 현실화될 날도 멀지 않았고, 전기자동차, 수소자동차 등 기존에 없던 다양한 자동차들도 상용화될 것입니다. 그런데도 1960~70년대에나 적용되던 정책을 아직도 적용하고 있으니 여기저기에서 문제점이 드러날 수밖에 없습니다. 그 결과 택시업계, 시민, 정부 모두가 고통과 불편을 겪고 있는 것입니다.

택시업계, 정부, 시민 모두를 위하여 구조조정을 해야 한다

그러므로 불평등하고 불필요한 규제를 개선하며 건전한 구조조정을 할 때입니다. 이미 과잉공급 된 택시를 감차하는 합리적인 대책을 미리 강구하지 않으면 반드시 사회적인 문제가 발생하게 될 것이며, 사실은 이미 발생하고 있습니다. 또한 구시대적인 근본적인 모순점들을 고치지 않는 한 각계각층의 갈등은 줄어들지 않을 것이며 택시 구조조정의 과정도 결코 순조롭지 않을 것입니다.

개인과 법인을 합쳐 거의 30만 대에 이르는 우리나라 택시가 시대의 흐름에 맞게 발전하기 위해서는 더 이상 구시대적인 발상에 머무르지 말아야 합니다. 개인택시와 법인택시는 선의의 경쟁 속에서 무엇이 더 시민들을 위할 수 있는 길인지를 스스로 찾아야 합니다. 그리고 바람직한 길을 찾을 수 있도록 정부와 택시업계가 함께 고민해야 합니다. 또한 개인택시 사업자들도 이제는 무엇이 진짜 문제인지 인식을 하고, 잘못된 것에 대해서는 의문을 품고 원인을 알려고 노력해야 합니다.

Chapter 2

택시업계, 이제는 시장논리에 맡겨야 서비스가 살아난다

1946년 택시가 운행을 시작한 후
1977년 처음으로 개인택시면허가
확대 시행되기 전까지
약 20년 동안 회사택시가 우리나라
택시사업을 이끌어 왔다.
그 후 시대의 요구에 따라
개인택시 면허가 확대되자
필연적으로 개인택시는 회사택시의
경쟁상대가 되었다.
그때부터 개인택시에 대한
기득권의 견제가
적극적으로 시작되었다.

1 개인택시를 노예화한 견제와 규제는?

택시사업은 기본적으로 후진국일 때는 성업 사업이고 선진국에서는 사양사업입니다.

1946년부터 소수의 택시가 운행을 시작하여 1977년 개인택시면허가 시행되기 전까지 약 20년 동안 회사택시가 우리나라 택시사업을 이끌어 왔습니다. 그러나 개인택시 면허가 확대되면서 택시업계의 상황은 변화하기 시작하였습니다.

개인택시의 확대는 법인택시에는 선의의 경쟁을 할 수 있는 자극제가 되었고, 개인택시 운전기사들은 시민들에게 좋은 서비스로 무사고 운전을 하면 얼마든지 사업자로서 잘 살 수 있을 것이라는 희망이 열렸습니다. 운전기사 본인의 차량이니까 매일 자가용 관리하듯이 깨끗이 청소하였고, 무사고 안전 운전을 해야 한다는 책임감이 있다 보니 시민들에게도 개인택시는 '안전하고 깨끗한 택시' 라는 이미지로 환영 받았습니다. 심지어 시민들이 개인택시를 더 선호하는 현상도 생겼습니다.

그러나 개인택시가 회사택시의 경쟁상대가 되면서부터 선의의 경쟁상대로 함께 발전하기보다는, 개인택시에 대한 기득권의 견제가 적극적으로 시작되었습니다.

개인택시 견제와 관련한 내용

1. 각 시도에서 택시사업을 하는 사람은 회사택시 사업자든 개인택시 사업자든 의무적으로 조합에 가입해야 합니다.(현재는 자율화 되었음.) 전국 택시조합 연합회에도 의무적으로 가입하도록 되어 있습니다.

택시조합과 연합회 가입이 의무화되어 있어 택시 사업자에게 조합과 연합회는 상당한 영향력을 행사할 수 있습니다. 회비를 납부하면 당연히 회원 자격이 있는 것이 상식인데 택시연합회는 이상하게도 총회에서 회원 자격을 주는 의결이 있어야 회원이 되도록 규정해 놓고 있었습니다. 이 규정에 의한 결의를 조합 이사장들에게 하지 않아 개인택시 조합이 설립된 지 10년이 넘도록 회비만 받고 회원 자격을 주지 않았습니다.

당시 서울조합의 경우 제주도 회사택시의 50배의 회비를 납부하면서 정회원 자격이 없었고, 1/50의 회비를 내는 제주도회사택시 조합 이사장은 정회원이었습니다. 결국 모든 회비는 회사택시 사업 발전에 사용된 것입니다.

부산개인택시조합 이사장들은 회의 때 참여권을 부여해달라고 건의하고 농성도 하였지만 메아리도 듣지 못하였습니다. 감독 기관인 교통부에 수도 없이 이 사실을 알리고 시정을 요구했지만 자체적으로 해결하라는 답만 들었습니다. 그 당시 회사택시 이사장들은 개인택시 조합이사장들과 동급이 되기 싫다는 정서가 팽배해 있었습니다.

1987년 9월 19일에는 교통부령 제865호로 개정 공포된 운수사업법 시행규칙 제15조(면허의 특례)에서 택시기사의 최저 연령을 회사택시 기사는 21세 이상으로, 개인택시는 30세 이상으로 자격기준을 강화하였습니다.

또한 개인택시 면허 신청 자격 기준을 강화하여, 종전에는 사업용자동차 4년 중 3년 무사고 경력자면 개인택시를 취득할 수 있었던 것을 신청 이후부터 과거 6년 중 5년 무사고 경력자로 개인택시 취득

경력 기준을 강화하였습니다.

2. 1979년 이전에 개인택시는 전국적으로 부제가 거의 없었습니다. 그런데 1979년부터 서울에서 제일 먼저 과로 방지와 정비를 명분으로 3부제를 실시하였고, 곧 전국적으로 3부제 내지 5부제로 영업을 제한하였습니다.

3. 자동차 운수사업법 시행규칙 제15조(면허의 특례) 중 다음 〈개인택시 면허 발급 우선순위〉와 같이 회사택시는 개인택시 사업면허가 회사택시 기사들에게 우선적이고 유리하게 돌아갈 수 있도록 영향력을 행사했습니다.

〈개인택시 면허 발급 우선순위〉

1. 제1순위

가. 택시 10년 이상 운전자로서 교통부장관이 지정한 사업체("수범체")에 근무자.

나. 택시 15년 이상 무사고자.

다. 면허신청인 현재 동일 택시회사에 근속한 자.

2. 제2순위

가. 택시 수범업체 7년 이상 무사고자.

나. 택시 무사고 10년 이상 경력자.

다. 사업용 자동차 15년 이상 무사고 경력자.

3. 제3순위

가. 택시 수법업체 5년 이상 무사고 경력자.

나. 택시 무사고 7년 이상 경력자.

다. 사업용 자동차 10년 이상 무사고 경력자.

위와 같이 개인택시 사업면허 발급 순위를 회사택시 근무자에게 유리하게 만들었습니다. 회사택시에서 무사고로 성실히 기여한 기사에게 개인택시 면허를 더 쉽게 받을 수 있도록 운수사업법 시행규칙을 만들었다는 느낌을 지울 수 없을 것입니다.

회사에 근속한 자에게 개인택시 면허 우선순위가 주어지기 때문에, 회사택시 기사들이 평생의 소원인 개인택시 면허를 취득하기 위해서는 회사가 아무리 횡포를 휘둘러도 참아야 했습니다. 오죽하면 이 제도를 택시기사들의 노예제도라고 말하기도 합니다.

개인택시의 발목을 잡는 규제법이 사실은 최하위 법령

당시 개인택시 면허제도와 관리는 운수사업법 시행규칙 제15조
(면허의 특례)에 의해 관리되었습니다. 시행규칙은 법령 중에서도
손자법이라고 말하는 최하위 법령입니다. 이 법의 개폐는 국회에서
제정되는 법도 아니고 국무회의 결의로 제정되는 대통령 시행령도
아닌 교통부장관이 정하는 부령입니다.

이 법령의 제정과정을 설명하는 이유는 우리나라 개인택시의 3/5
에 해당하는 16만 5천 대의 개인택시 운송사업의 운명이 이러한 법
에 의해 좌우되어 왔기 때문입니다.

1977년 개인택시 면허가 확대된 이래 숙명적인 경쟁관계에 있던
회사택시는 업계 대표기구인 전국 택시조합 연합회를 장악하고 영
향력을 행사하여 새로운 개인택시 제도가 싹트는 시점마다 개인택
시를 견제했던 것이 사실입니다. 3부제로 영업을 단축시키거나 양도
양수에 대한 제한 조치, 회사택시에 장기 근속한 기사에게 개인택시
사업면허 우선순위를 준 것 등 그 예는 매우 많습니다.

눈비가 오거나 심야 시간대에
수많은 승객들이 절실하게
택시를 필요로 할 때는
충분히 공급되지 못하고,
낮 시간대에는 불필요한
공차 운행으로 도시의 도로만
복잡하게 만들고 있다.
시민들은 택시를 못 잡아 고통 받는데
정작 수많은 개인택시들은
어이없는 규제 때문에 발이 묶인 채
충분히 활용되지 못하고 있다.
국민의 필요와 현실을 외면한
모순되고 잘못된 정책이
40여 년간 지속되었다는 사실을
국민들은 제대로 알지 못하고 있다.

2

개인택시는 왜 '장애택시' 가 되었나?

택시사업은 모름지기 공익을 우선하는 공익사업입니다. 택시는 이용자가 언제 어디서든 편리하게 이용할 수 있도록 다양한 기능과 서비스가 제공되어야 제 기능을 다 하는 것입니다.

교통부는 개인택시 면허를 확대하는 과정에서 운전자들의 사기 진작을 위해 극소수의 장기 무사고 운전자에게 본보기로 개인택시 사업면허를 준다는 운수사업법 시행규칙 제15조(면허의 특례)를 만들었습니다. 그런데 개인택시를 우리나라 택시의 3/5이 될 때까지 확대하면서도 극소수에게 포상을 위해 단순히 만들어졌던 운수사업법 최하위 법령의 규정으로 단순히 증차만 계속하였던 것입니다.

면허의 특례에 의해 면허된 개인택시는 사업자가 한 대의 택시를 직접 운전하는 제도입니다. 다시 말해 개인택시는 대인면허, 즉 면허가 있는 자 본인이 직접 운전해야 하는 제도입니다. 그런데 이 제도에는 치명적인 문제점이 있습니다.

근로자의 하루 노동시간인 8시간으로 운전한다면 하루 24시간 중 1/3밖에 운행할 수 없게 되어 66.6%의 기능(운행)장애가 있는 택시가 되어버립니다. 게다가 직접 운전해야 하기 때문에 서울을 비롯한 대다수 지자체에서는 차량정비 및 운전자 과로 방지의 명분으로 3부제 운행을 행정 규제하고 있습니다. 여기에다 개인택시 기사들도 인간인지라 집안일이나 건강문제 등으로 불가피하게 1개월에 2~3일은 영업을 못하는 경우가 생깁니다.

시행 규칙상 한 달에 20일밖에 영업을 못하고, 하루 24시간 중에서 노동법상 8시간만 일하며, 무엇보다도 면허자 본인만이 운전하도록 되어 있으니, 실제로는 법인택시의 6분의 1밖에 운행이 안 되는 셈입니다. 그 결과 실제 수송 기능은 법인택시에 한참 못 미칩니다. 아무리 성실한 기사라 하더라도 개인택시가 영업을 하지 못하는 비율은 70%가 넘게 되고, 그래서 개인택시는 70%의 '기능장애' 택시라고 일컬어지는 것입니다. 즉 우리나라 택시의 3/5이 택시의 본연의 기능을 하지 못하는 택시나 마찬가지입니다.

영업시간이 너무 한정되어 있으니 운전기사들은 생계유지가 어렵고, 시민들은 시민들대로 택시 부족 현상이나 승차 거부 때문에 불편을 겪으니 우리나라 택시 전체를 탓하게 됩니다.

택시는 많은데 제 기능을 못하고 있다

이와 같은 현상은 너무나 많은 문제를 야기하고 있습니다.

첫째, 엄청난 자원이 낭비됩니다.

개인택시는 20~25%만 영업 운행하면서 차령만 되면 운행 거리에 상관없이 폐차되기 때문에 소중한 자원의 낭비를 초래합니다.

둘째, 20~25%밖에 영업을 하지 않으면서 복잡한 도시의 도로와 주차공간만 차지하여 도시를 복잡하게 만드는 데 한몫하고 있습니다.

셋째, 눈비가 오거나 밤늦은 시간대에 수많은 승객들이 절실하게 택시를 필요로 할 때는 충분히 공급되지 못하고, 낮 시간대에는 불필요한 공차 운행으로 도시의 도로만 복잡하게 만들고 있습니다.

시민들은 택시가 부족해 고통 받는데 정작 이 수많은 개인택시들은 규제 때문에 활동에 제약을 받고 있는 실정입니다.

국민의 필요와 현실을 외면한 모순되고 잘못된 택시 정책이 40여 년간 지속되었다는 사실을 일반 국민들은 제대로 알지 못하고 있습니다. 무엇보다 전국 16만 5천 개인택시 사업자들의 상당수가 이 불행한 족쇄의 문제점에 대해 제대로 알지도 못하고 있습니다.

모든 법은 현실과 맞지 않거나
모순점이 드러나면 고쳐야 한다.
하물며 헌법도 문제가 많으면
개정해야 하는 것인데,
운수사업법 중에서도 최하위 법령이
택시 이용자와 개인택시 사업자들에게
많은 불편과 문제점을 야기하고 있다면
당연히 개선시켜야 할 것이다.
나는 이를 개선하기 위해
앞으로도 개인택시의 명예를 걸고
최선을 다할 것이다.

장애택시로 만든 운수정책 무엇이 문제인가?

1. 모순된 반쪽자리 제도에 있다

운수사업법 시행규칙 15조(면허의 특례)를 만든 것은 교통부입니다. 앞에서도 지적한 바와 같이 1965년 이 규칙을 만든 취지는 사업용 자동차 기사들의 사기를 높이기 위해서였습니다.

과거 회사택시들은 사업을 직접 운영하지 않고 택시 차주들을 모집하여 관리가 편리한 지입운영을 하면서 차주와 갈등으로 사회적 물의를 야기하고 택시의 서비스 향상은 되지 않았습니다. 택시사업을 자신들의 전유물로만 생각한 일부 회사택시들이 기업화를 외면하자, 교통부는 개인택시 면허를 확대하여 회사택시에게 경각심을 심어주고 개인택시와 선의의 경쟁을 유도하여 택시 서비스의 발전을 도모하였습니다. 그런데 운행과 서비스에 대한 제한 조건을 개선하지 않은 채 개인택시 사업면허만 확대한 것은 절름발이 규제나 마찬가지인 것입니다.

2. 개인택시에 대한 회사택시의 영향력 행사

택시 운송사업 조합은 해당 시도에서 전국택시조합연합회는 교통부를 창구로 하여 경쟁대상인 개인택시를 제한하는 영향력을 행사해 왔습니다. 개인택시와 회사택시는 애초에는 선의의 경쟁을 해야했으나, 회사택시들은 자신들의 일방적인 이익 추구를 위한 수단으로 개인택시를 이용해왔던 것입니다.

3. 개인택시 사업자들의 인식과 노력 부족

무엇보다 개인택시 사업자들은 자신들의 사업을 지키고 발전시키려는 노력과 역량이 부족했습니다.

개인택시 사업자들은 장기간 운전에 종사한 경력을 근거로 개인택시 사업면허를 취득한 사람들인 데다, 본인이 직접 운전하는 조건으로 면허를 받았기 때문에, 개인택시 면허조건 규제에 대해서도 어쩔 수 없는 숙명으로만 인식하였습니다.

그러나 모든 법은 현실과 맞지 않거나 문제점이 드러나면 개정해야 합니다. 하물며 헌법도 문제가 많으면 개정해야 하는 것인데, 운수사업법 중에서도 최하위 법령인 시행 규칙이 택시 이용자와 사업자들에게 많은 불편과 문제점을 야기하고 있다면 당연히 개선될 수 있도록 최선을 다해야 합니다. 그런데도 개인택시는 현실을 제대로 직시하지 못하고 단합을 하려는 노력도 부족했던 것입니다.

택시가 됐건 생필품이 됐건
자본주의 사회의 시장원리란
수요가 있는 곳에 공급이 되어야 한다.
그것이 지극히 상식적인 것이다.
그런데 지금의 개인택시 규제 정책과
운행 제도는 지극히 상식적인
시장원리조차도 외면하고 있다.
모름지기 택시는 시민들이 원하는
시간과 장소로 언제든지
달려가 서비스를 제공할 수 있어야
하는 것이다.

택시도 시장논리에 맡겨야
진정한 서비스가 살아난다

　이러한 모순된 법령과 제도로 인해 피해를 입는 것은 개인택시 사업자들뿐만이 아닙니다. 정작 더 큰 불편과 고통을 국민들이 감수하고 있습니다.

　택시가 잘 잡히지 않아 시민들이 직접적인 불편을 겪고 있기 때문입니다. 택시를 절실히 필요로 하는 자정 전후의 시간대만 되면 택시가 턱없이 부족하고, 날씨가 궂고 눈비가 올 때는 택시 이용자가 대폭 증가하게 되는데 정작 택시들은 승객을 태우지도 못하고 차고지에 갇혀 있는 경우가 많습니다.

　이런 이상한 현상이 벌어지는 이유는 3부제, 직접운전 같은 각종 규제 때문에 택시 이용자가 불편을 겪고 있습니다.

시민들이 왜 고통과 불편을 감수해야 하는가?

개인택시는 정비와 과로방지를 위해 한 달에 20일만 운행하도록 정해져 있습니다. 이것도 개인택시가 필요한 일자에 20일을 운행하는 것이 아니고, 3부제 즉 2일 영업하고 다음날 하루 운행을 쉬어야 합니다.

또한 개인택시는 직접 운전할 수밖에 없는 조건이기 때문에 피로와 위험이 덜한 주간에 8시간을 운행하고 운행을 중지합니다. 주간에 8시간 운행한 택시는 시민들이 택시를 잡기 위해 애를 먹는 밤에는 차고지에 있습니다.

즉 시민들이 택시를 못 잡아 발을 동동 구르고 있을 때 개인택시의 대다수는 규제 때문에 차고에서 잠을 자고 있는 한심한 실정입니다. 이런 말도 안 되는 정책이 무려 40여 년간 지속되고 있습니다.

말도 안 되는 정책이 40년간 유지되고 있다

택시 정책도 불필요한 규제를 풀고 같은 조건에서 시장원리대로 선의의 경쟁을 할 수 있는 정책을 강구하였다면 자연스럽게 택시 서비스도 최고 수준으로 향상되고, 경쟁력이 떨어지는 사업자는 도태되거나 다른 업종으로 전환하게 되면서 구조조정도 저절로 이루어질 수 있었을 것입니다. 그런데 불필요한 규제 등 적폐는 그냥 둔 채 인위적으로 과잉공급 문제를 해결하기 위해 '택시발전법'으로 구조조정을 시도하고 있습니다.

개인택시를 확대한 원래의 취지는 국민들이 편리하게 이용하게 하기 위해서였습니다. 그런데 교통부에서는 맨 처음 운전자 포상 개념으로 단순히 만들었던 제도를 보완하지도 않은 채 그대로 적용하여 개인택시를 17만 대나 공급하는 우를 범한 것입니다. 국민을 위한 주력 택시로 대량 공급했으면서도 정작 이용자인 국민들은 불편해하고 있습니다.

택시뿐만 아니라 생필품이 됐건 공산품이 됐건 자본주의 사회의 시장원리라는 것은 수요가 있는 곳에 공급이 되어야 하는 것이 지극히 상식입니다. 그런데 지금의 개인택시 규제 정책과 운행제도는 지극히 상식적인 시장원리를 외면하고 있습니다. 이용자가 필요로 하는 시간과 장소에 언제나 어디든 달려가야 할 택시가 제도 때문에 발이 묶여 있습니다.

단, 시장원리에 맡기려면 전제조건이 있습니다. 달리기를 할 때 선수들이 똑같은 지점에서 출발해야 하듯이, 경쟁을 할 때는 동일한 조건에서 해야 합니다.

그런데 현재로서는 법인택시와 개인택시는 전혀 다른 조건에 있기 때문입니다. 개인택시에만 불리한 수십 년 전의 규제들을 잔뜩 묶어둔 채 어떻게 공정하고 건강한 선의의 경쟁을 할 수 있겠습니까?

그러므로 시민의 불편도 해소하고, 정부의 고민도 풀고, 택시업계가 다 함께 발전하기 위해서는 현재의 불평등한 규제들과 시행규칙들을 전격 개선시켜야 하는 것입니다.

5

본인이 직접 운전해야 한다는 규제,
이래서 문제다

서울을 제외에 지방 시도에서는 경상남도에서 최초(1976년도)로 김해공항 택시를 사업구역으로 50대의 개인택시 사업면허를 하였습니다.

당시 저는 공항을 사업구역으로 면허된 개인택시를 구매하였습니다. 그런데 당시에도 개인택시는 면허를 받은 본인이 직접 운전해야 한다는 조건 때문에 택시 기능을 50%도 발휘하지 못하는 기능장해 택시라는 사실을 체험했습니다.

저는 이때부터 개인택시 면허제도가 개인택시 사업자뿐만 아니라 이용자들에게도 큰 불편을 주는 제도임을 실감하였습니다. 그래서 이 제도가 반드시 개정되어야 된다고 확신하게 되었습니다.

개인택시는 사업주 본인이 직접 운전하여야 한다는 조건 때문에 발생하는 불편과 문제점은 한두 가지가 아닙니다. 실제로 대다수의 개인택시 사업자들은 이 제도의 모순을 지적하고 있습니다.

차량의 주인(사업자)만 운전을 할 수 있다는 운수사업법 시행규칙은 도로교통법하고만 충돌되는 것이 아니고 관련된 모든 법과 충돌합니다. 자동차는 도로교통법에 의해 그 차종을 운전할 수 있는 운전면허증만 있으면 운전을 할 수 있습니다. 또한 어느 국가든 해당 국가의 운전면허증을 국제면허로 교환해 가면 그 국가에서도 면허를 인정하고 있습니다.

지금의 규정은 다른 법들과도 모순된다

모든 법은 서로 다른 법과 충돌하거나 상치하여서는 안 됩니다. 그런데 개인택시 면허조건에서 본인이 직접 운전하여야 한다는 운수사업법 시행규칙 제15조(면허의 특례) 규정은 도로교통법과 충돌하고 있습니다.

도로교통법에서 정한 운전면허를 소지하고 있어도 개인택시를 운전하면 대리운전이 되어 개인택시가 사업정지 처벌을 받거나 개인택시 사업면허가 취소됩니다. 즉 도로교통법에서 정한 면허증을 소지하고도 불법으로 처벌받게 되는 것이며 이것은 국제 규정과도 상치됩니다. 그리고 개인택시 사업자가 교통법 위반으로 운전면허 정지 처분을 받으면 개인택시 사업자는 본인이 개인택시를 직접 운전할 수 없기 때문에 면허정지 기간 동안 사실상 사업정지 처분을 받은 결과가 되어 이중처벌을 받는 셈이 됩니다.

쉬운 예로 호텔 영업 허가를 내리는데 특정인을 정하여 그 특정인이 아닌 다른 지배인은 호텔 영업을 할 수 없다는 논리와 마찬가지입니다. 호텔사업 면허 조건에 특정인만 지배인이 되어야 한다는 조건이 있다면 그 지배인이 몸이 불편하여 출근을 못하거나 지배인 자격이 정지될 경우 호텔 전체가 영업을 정지해야 한다는 모순된 제도와 다를 바 없습니다.

운전기사 고령화가 문제라고?

개인택시의 경우 특히 운전기사의 고령화 문제도 있습니다.

현재 65세 운전자는 3년 한 번, 70세 이상은 매년 정밀검사를 하여 합격을 해야 운전을 할 수 있는데, 만약 불합격을 하여 더 이상 운전기사로 살 수 없게 됩니다. 그렇다면 그 후 생계를 유지할 수 있도록 현실적인 대안을 내놓아야 하는데 그렇지 못합니다.

만약 면허자 본인이 아니더라도 자격자가 운전할 수 있도록 한다면 고령 운전자의 생계도 보장해주고, 그 대신 젊은 운전자들을 고용하여 그들에게도 일할 기회가 주어질 수 있도록 한다면 청년 실업 문제에도 보탬이 되어 '너도 살고 나도 사는' 방안을 만들 수 있습니다.

이 문제에 대한 해결방법은 간단합니다. '본인이 직접 운전하여야 한다'는 규정을 '자격자가 운전하여야 한다'는 내용으로 개정하면 모든 문제가 해결되는 것입니다. '대인면허'를 '대물면허'로 바꾸어, '면허자 본인' 1명만 운전하게 하는 것이 아니라 '자격 있는 자'에게 운전을 할 수 있도록 규칙을 바꾸면 됩니다.

이처럼 '택시업계도 도움 되고 시민들도 더 편리해지는' 일석이조의 방법들을 얼마든지 찾을 수 있을 텐데, 지금의 규제는 마치 '길을 두고 메를 가는' 것과 같으니 참으로 답답하기만 합니다.

6

모순된 규정은 갈등과 혼란을 불러온다

　모든 법에 상치되고 사업자와 시민들 모두에게 불편을 주는 시행규칙 때문에, 우리나라 총 택시의 3/5에 해당되는 16만 5천 대의 택시가 본연의 기능을 하지 못하고 있습니다.

　앞 장에서 설명한 모순과 문제점은 택시 수요공급에 대한 우리나라의 통계 자체도 엉터리로 만든 결과가 되었습니다.

　일본, 유럽을 비롯한 선진국의 택시 공급 통계를 보면 평균 인구 400~500명에 택시 1대꼴로 공급되어 있습니다. 우리나라는 도시마다 약간씩 차이는 있지만 부산을 비롯한 큰 도시의 인구 대비 택시 공급 비율은 140~160명 당 택시 1대꼴이라고 통계가 나와 있습니다.

　그런데 우리나라 택시의 3/5에 해당하는 개인택시가 사실상 70%의 기능장애를 가지고 있다는 현실을 감안하지 않은 통계이기 때문에 이 통계는 별로 의미가 없습니다. 이 엉터리 통계로 아무리 택시 정책을 수립해봐야 현실과는 동떨어져 있는 것입니다.

시대의 흐름으로 택시도 구조조정해야 한다

시대가 바뀌면서 택시도 감차 중에 있습니다. 지하철, 버스와 같은 대중교통의 증가와 자가용 등 다양한 교통수단의 증가로 해마다 택시 이용객이 줄고 택시는 남아돌아 감차노력을 적극적으로 하고 있는 중입니다.

정부에서는 감차 방법으로 정부가 재원 일부를 부담하고 나머지는 기존의 택시사업자들의 재원으로 감차 계획을 수립하고 있습니다. 그러나 만만치 않는 감차 재원 확보 문제와 회사택시와 개인택시의 감차 비율 문제로 갈등을 빚고 있습니다.

2년 전에 통과된 택시발전법(택시운송사업의 발전에 관한 법률)은 택시를 대중교통수단으로 하고 점진적인 감차를 위해 정부가 지원을 하여 택시의 정상화를 도모하겠다는 것입니다. 그러나 현실을 감안하지 못한 법으로 인해 지자체와 택시업계 모두에서 불만을 표하고 있는 실정입니다.

무슨 사안이든 문제를 해결하기 위해서는
원인을 알고 대책을 강구하여야
해결책이 나오는 법이다. 그런데
문제의 원인과 본질은 그냥 놔두고
택시 과잉공급 문제를 정부 예산으로만
해결하려 하고, 택시 감차를 목적으로
택시발전에 관한 법을 만들어
2년째 감차 추진을 하고 있다.
그러나 이것은 일시적 명분이 될 수는 있어도
지금의 택시 과잉공급 문제에 대한
근본적인 대책은 될 수 없을 것이다.

과잉공급 택시의 해결책은
현장에서 찾아야 한다

무슨 사안이든 문제를 해결하기 위해서는 원인을 알고 대책을 강구하여야 해결책이 나오는 법입니다. 그런데 문제의 원인과 본질은 그냥 놔두고 택시 과잉공급 문제를 정부 예산으로만 해결하기 위해 택시를 대중교통으로 정하는 기상천외한 법 제정을 시도하였습니다. 이 지구상 어느 나라에도 없는, 1회용 자가용 기능인 고급 교통수단을 대중교통으로 추진하려는 발상은 결국 대통령 거부권 행사로 무산되었습니다.

그러나 그 후속 대안으로 택시 감차를 목적으로 택시발전에 관한 법을 만들어 2년째 감차 추진을 하고 있습니다. 그러나 일시적 명분이 될 수는 있어도 지금의 택시 과잉공급 문제에 대한 근본적인 대책은 될 수 없습니다.

거듭 말씀드리지만 택시는 후진국이나 개발도상국가에서는 성업

사업이지만 선진국으로 진입하면 사양사업이 되는 것입니다. 우리나라도 60~70년대는 택시가 전체 교통의 50% 이상 수송 분담을 하였으나, 대도시에 대중교통의 꽃이라는 지하철이 거미줄처럼 구축되고 자가용과 다양한 교통수단이 제자리를 채우면서 택시의 수송분담률은 10% 이하가 된 지 오래입니다.

해마다 택시 수송 분담률은 줄어 승객은 감소하고 있고, 무인차까지 불원간에 등장하여 앞으로 택시 인구는 더더욱 감소될 것입니다. 따라서 인위적인 택시 감차 방법은 성공할 수 없고, 또 다른 낭비만 하는 것입니다.

택시사업은 앞으로도 수요가 급격하게 감소하는 사양사업이기 때문에, 다단계 관리가 필요한 대단위의 기업화 운영은 될 수 없습니다. 지금 우리나라 회사택시도 경쟁관계에 있는 개인택시의 기능을 26%만 할 수 있도록 묶어놓았기 때문에 유지된다고 봐야 할 것입니다.

더구나 공개가 되지 않고 있지만 회사택시도 일부는 옛날처럼 지입제 운영형태인 차주에게 양도하고 위장 직영하는 곳이 점점 늘어나는 것으로 알고 있습니다. 서울을 비롯한 여러 지역에서 협동조합법을 활용하여 운전기사들을 주주로 모집하여 협동조합을 결성하고 택시회사를 구매하여 각자 주주가 택시 1명씩 선발하여 택시운영을 하는 곳이 늘어나고 있습니다. 이 또한 택시위장직영인 것입니다.

택시 과잉공급 문제의 근본적인 대책은?

그렇다면 근본적인 대책을 세우기 위해 무엇을 염두에 두어야 할까요?

첫째, 택시가 다른 선진국에 비해 3배 이상 과잉공급된 이유부터 찾아야 합니다.

그 이유는 개인택시면허를 다량으로 하면서, 본인이 직접 운전해야 한다는 조건 및 3부제로 인하여 일반택시에 비해 1/4밖에 영업할 수 없도록 규제하였기 때문입니다. 택시 16만 5천 대 중 1/4밖에 기능을 못하도록 하고, 2일 운행하고 다음날은 운행을 못하도록 규제한 것은 개인택시를 기능장애택시로 만들어 경쟁력을 떨어트리고 택시 이용시민에게도 불편을 준 결과를 낳았습니다.

거꾸로 당초 회사택시만 계속 공급하였다면 정부와 업계가 서로 소통하여 택시를 적정 공급하였을 것입니다. 지금이라도 일시적 진통을 감수하더라도 모든 택시의 규제를 풀고 자유경쟁으로 시장에 맡기면 시장에서 해결될 것입니다. 개인택시는 그렇게 노력하여야 합니다.

둘째, 본질은 덮어둔 채 다른 방법 즉 인위적인 감차 방법은 진통만 있을 뿐 해결책이 될 수 없습니다. 이제라도 모든 불필요한 규제를 풀고 시장에 맡기면 선의의 경쟁으로 최상의 서비스가 창출 되는 것을 볼 수 있을 것입니다.

셋째, 이와 같은 근본적인 해결책을 추진한다면, 감차를 위한 택시발전법도 의미가 없어질 것입니다. 요즘 사회문제로 진통을 겪고 있는 택시기사 고령화문제도 시비 명분도 이유도 없어질 것입니다. 그리고 개인택시면허의 특례규정이 도로교통법 등 다른 관련법과 상치되는 문제도 해결될 것입니다. 특히 본인이 직접 운전해야 하는 조건 때문에 별도로 만들어진 개인택시관련 별도의 시행규칙도 존재의미가 없어질 것입니다.

[일본 MK택시는 왜 경영계의 롤 모델이 되었나?]

독창적인 경영철학으로 일군 성공신화

MK주식회사는 1960년 재일교포 유봉식 회장이 창업한 일본 교토의 택시회사이다. 당시 미나미 택시와 가쓰라 택시가 합병하면서 두 회사의 이니셜에서 하나씩 따와 회사명을 지었다고 한다.

"MK택시는 택시사업을 운송업이 아니라 고객 서비스업이라고 생각한다. 다시 말해 택시란 고객을 운송하는 수단이 아니라 소중한 고객에게 서비스를 제공하는 수단이라는 것이다. 고객을 만나는 바탕에는 진심이 깔려 있어야 한다. 고객에게 성심성의껏 배려하는 것이 MK택시 서비스의 시작이다."
(〈안녕하세요? MK택시 유봉식입니다〉 중에서)

창업자 유봉식 회장의 위와 같은 말에서 짐작할 수 있듯이 이 회사는 친절을 모토로 한 서비스정신으로 유명하다.

창업 당시 10대의 택시로 출발했으나 이제는 2천 여 대의 택시와 수천 명의 직원을 거느리고 일본 대도시 곳곳에 진출한 대표적인 택시회사가 되었을 뿐만 아니라 석유, 관광 등 여러 계열사를 지닌 기업체로 성장하였다.

이러한 놀라운 성장으로 인해 유봉식 회장은 재일교포 성공신화를 일군 인물로 손꼽히며 우리나라에도 언론과 저서를 통해 그의 경영정신이 수차례 소개된 바 있다.

운송업을 서비스업으로 바꾼 발상의 전환

1995년 미국 〈타임〉지가 선정한 '세계 최고의 서비스 기업'
일본 대학생들이 가장 들어가고 싶어 하는 10대 기업
일본의 장기적 경제 불황기에도 흑자를 올린 기업
경제난의 시기에 일본 내 고용 창출을 이룬 기업

위와 같은 여러 수식어로 불리는 MK택시는 일본 국민들과 젊은이들에게 긍정적인 이미지를 주는 기업으로 손꼽힌다.

실제로 일본 대도시의 시민들은 길거리에 다른 회사택시들이 있는데도 일부러 MK택시를 기다렸다가 이용할 정도로 이 회사의 택시를 신뢰한다. 또한 기업의 신입사원 모집 시 대졸 학사 지원자들이 200대 1이나 몰릴 정도로 기업에 대한 호감도도 높은 곳이다.

MK택시가 일본 내에서뿐만 아니라 전 세계적으로도 유명해진 것은 일본을 방문한 국빈들이 이 택시를 이용하면서 부터였다. 영국의 대처 수상과 엘리자베스 여왕, 고르바초프 전 소련 대통령, 지미 카터 전 미국 대통령 등의 의전을 MK택시 차량이 담당하면서 유명해졌고 천황의 행사시에도 MK택시가 사용되면서 더욱 고급스러운 이미지를 얻게 된 것이다.

친절 서비스와 봉사정신

이처럼 MK택시가 명성을 얻게 된 것은 유 회장의 남다른 경영철학과 친절 서비스가 효과를 발휘했기 때문이다. 특히 도어 개폐 서비스, 기모노 할인, 공항 합승 택시 등 그 전에는 없던 독창적인 아이디어와 서비스정신으로 인해 택시 업계의 롤 모델로 불려왔다.

단지 승객에게 친절하게 인사하는 것뿐만 아니라 택시기사 제복 착용을 통해 신뢰의 이미지를 심어주었다. 이 회사의 택시기사들은 명찰이 달린 고급스러운 제복에 모자, 넥타이를 필수적으로 착용해야 한다.

손님이 택시를 탈 때에는 기사가 내려서 직접 뒷문을 열어주는데 이때 '왼손을 뒷문 위에 걸치고, 오른손으로 모자를 벗고, 모자를 든 손으로 뒷문을 열고, 고객이 탑승한 후 문을 닫는다'와 같은 구체적인 매뉴얼에 따라 서비스를 제공한다.

또한 약자를 배려하는 서비스정신과 봉사정신을 실천한다. 대표적으로 장애인 우선 승차 서비스가 있는데, 기사들이 장애인 태우기 훈련을 받고, 장애인 손님에게 요금을 할인해주는 정책을 실시했다.

이러한 서비스가 일본의 교통 정책에도 영향을 끼쳐, 일본의 대중교통에 장애인 지정석이 만들어지고 열차와 비행기에도 장애인 할인 서비스가 생기는 정책이 만들어졌다.

회사가 택시기사들의 복지를 적극 보장해주다

무엇보다도 MK택시는 회사 소속 택시기사들에게 높은 수준의 월급과 복지시스템을 제공하는 것으로 유명하다. 창업 초창기부터 운전기사 수입에 회사 이익을 반영시켜 주인의식을 갖게 하였고, 직원들의 집을 지어주고, 주택 구입 시 지원을 해주거나 회사 전용 단지에 입주할 수 있게 해주는 등 회사에 소속된 택시기사들이 안정적인 삶을 영위할 수 있도록 많은 혜택을 제공한다. 실제로 이 회사 사원들의 주택 보유율은 80%가 넘는 것으로 알려져 있다.

또한 외국 관광객들이 택시를 이용할 때 좋은 서비스를 제공할 수 있도록 하기 위해 택시기사들에게 외국 어학연수도 보내준다. 소속된 택시기사들에 대한 회사의 이러한 배려는 기사들의 친절 마인드를 더욱 높여줄뿐더러 사고율은 대폭 떨어지게 하는 데 결정적인 영향을 끼쳤다고 한다. 친절 서비스와 성공신화의 대명사로 불리는 MK택시를 만든 것은 이와 같은 체계적인 경영정신과 기사들에 대한 수준 높은 복지 시스템이 밑바탕이 되어 있었던 것이다.

저자가 친절서비스 조합원에게 포상하고 있다.

Chapter 3

택시정보화 사업 때문에 100억에 얽힌 소송의 전말

21세기를 앞두고 추진한
부산의 '택시정보화사업' 은
다음과 같았다.

- 교통카드와 신용카드로 요금 결제
- GPS 무선망으로 콜 서비스
- 택시요금 영수증 발급
- 글로벌 시대를 대비해
  8개국어 통역 서비스
- 차내 카폰 설치
- TV 및 광고 모니터 설치

위와 같은 서비스들은 지금 보면
놀라울 것이 없지만,
1998년 당시에는 상상도 할 수 없는
거의 20년을 앞서간 첨단 사업이었다.

시대를 20년이나 앞서갈 뻔했던
택시정보화사업

「월드컵과 부산 아시안게임 등 각종 국제행사를 앞두고 부산지역 택시들이 첨단 정보기술(IT) 기기를 장착하면서 탈바꿈하고 있다.

부산개인택시조합(이사장 황대수)은 23일 기자간담회를 통해 택시의 브랜드화를 공식 선언했다. 황 이사장은 이날 간담회에서 5월 말까지 조합택시 1만 3천여 대 모두가 정보화 기기를 장착하게 될 것이라고 말했다.

부산 TIP사업은 지난 1996년 교통서비스 개선을 요구하는 민원해소 차원에서 출발해 지난 해 12월 약 500대 규모로 시작해 현재 조합택시의 약 54%에 달하는 7,200여 대가 정보화 기기 장착을 완료했다.

부산의 정보화택시란 부산시와 부산개인택시조합이 공동으로 부산정보화택시사업(TIP, Taxi Information Project)에 따라 추진하고 있는 지능형 택시를 말한다.」

(머니투데이, 2002년 5월 24일자 기사)

대한민국 온 국민이 IMF사태로 인한 고통을 나누며 21세기를 앞두고 있던 1998년 당시 저는 부산개인택시조합 이사장으로서 오래 전부터 계획하던 야심찬 프로젝트를 준비하고 있었습니다. 그것은 바로 당시 모든 언론에서 대서특필하였던 '택시정보화사업(Taxi Information Project:TIP)' 이었습니다.

20세기에서 21세기로 접어들던 그 무렵, 곧 도래할 IT 시대를 대비하기 위해 최첨단 IT 기술을 택시 서비스에 다양하게 활용하고자 한 것이 바로 택시정보화사업의 취지입니다.

택시정보화사업의 구체적인 내용은 다음과 같았습니다.

- 교통카드와 신용카드로 요금 결제 서비스
- GPS 무선망으로 콜 서비스
- 택시요금 영수증 발급
- 글로벌 시대를 대비해 8개국어 통역 서비스
- 차내 카폰 설치
- TV 및 광고 모니터 설치

위와 같은 서비스들은 지금은 지극히 일상화된 것들이 많아 놀라울 것이 없어 보이겠지만, 1998년 당시에는 타 업계에서 상상도 할 수 없는 거의 20년을 앞서간 첨단 사업이었습니다.

개인택시 신규면허 수여식.

부산시장의 친절운동에 대한 격려.

2002년 월드컵을 앞두고 파급효과 예상

정보화 기술을 택시 서비스 향상에 활용하는 아이디어 사업이었기 때문에 관련 부서인 건설교통부와 IT 업계에서 지대한 관심을 보였습니다. 특히 2002년 한 · 일 월드컵과 부산 아시안게임을 앞두고 있었기 때문에 더더욱 의미 있는 사업이었습니다. 관련 업계에서는 위 사업을 부산개인택시조합이 상용화시키면 그 파급효과가 엄청날 것이라고 기대했습니다. 그래서 부산개인택시조합원이 부담할 비용을 참여 업체들이 부담하는 조건으로 이 사업에 동참하겠다고 자청했습니다.

많은 제안을 받은 저는 주저할 이유가 없었습니다. IT 전문 업체들이 투자하고 동참하면 조합원 부담도 최소화할 수 있는 데다 더욱 완벽하게 사업을 추진시킬 수 있을 것이기 때문입니다.

즉시 건실한 업체를 선정하고 이들이 사업비(86억 5천만 원)를 분담하는 조건의 '합의 각서'를 작성하고 조합과 참여 업체가 공동으로 추진하였습니다.

택시 정보화 사업 추진에 따른 로고와 마크.

부산 개인택시 7천 여 대에서 서비스 시작

그리고 이 사업을 차질 없이 추진하기 위해 각 참여 회사에서 IT 전문 직원 1명씩을 조합에 파견시켜 TF 팀을 구성하여 매일 협력하면서 적극적으로 추진하였습니다.

그 결과 2년여 만에 모든 기능별 호환 테스트를 끝내고 개인택시 5대에 단말기를 장착하여 로드테스트를 하였습니다. 그 다음에는 50대, 마지막으로 500대에 장착을 하여 3차례에 걸쳐 세심하게 테스트를 하였고, 그 결과 이상 없음을 확인하였습니다.

그리고 마침내 개인택시 7,200여 대에 단말기를 장착하고 건교부 관계자와 부산시장 등 많은 내빈을 모시고 택시정보화사업 발대식과 동시에 상용 서비스를 시작하였습니다. 부품 미도착으로 아직 장착하지 못한 5,800여 대도 단말기 장착 계획이 통보되어 있었습니다.

바야흐로 시대를 앞서간 택시정보화사업은 완성 단계에 돌입하였고, 대한민국 택시 역사상 한 획을 긋게 될 날이 머지않았습니다.

그러나 이 꿈 같은 일이 수포로 돌아가고 저의 남은 인생에 오랜 시간 동안 크나큰 시련을 안겨줄 줄은 당시에는 상상도 하지 못하였습니다.

조합 직영 LPG 충전소 건립

택시정보화사업과 병행하여 그 무렵에 추진한 또 하나의 중요한 사업은 조합 직영 LPG 충전소 건립이었습니다.

이 사업은 1만 3천여 명의 부산 개인택시 조합원들을 위한 30년 숙원사업이었습니다. 개인택시 사업조합이 LPG 허가를 받아 직영을 한다는 것은 조합원들에게는 꿈이 이루어지는 것입니다.

우리나라에서 LPG 연료를 사업용 자동차에 사용하기 시작한 것은 1977년경입니다. 우리나라는 휘발유 가격이 너무 비싼데 LPG 가격은 휘발유의 절반 가격이었습니다.

그래서 당시에는 택시에 LPG를 사용할 수 있으면 아주 큰 특혜였습니다. 제가 이사장으로 재직하던 1979년도에 정부에서 최초로 부산 개인택시 조합원들 몫으로 LPG 차량 100대 분을 배정했을 때는 경쟁이 심해서 전체 조합원이 추첨으로 LPG 사용자를 선정했고 이후 수년에 걸쳐 순차적으로 확대되었습니다.

회사택시의 경우 특정 충전소와 가격을 할인하는 조건으로 어음 거래를 하기도 하지만, 개인택시는 각각 한 대씩 거래를 하기 때문에 항상 회사택시보다 비싼 가격에 LPG를 구매하고 있었습니다.

그렇기 때문에 개인택시 조합원들이 저렴하게 이용할 수 있는 LPG 충전소를 설치하는 일은 매우 필요하고도 중요한 숙원사업이었던 것입니다.

30년 숙원사업이었던 LPG 충전소

부산 지역 LPG 공급업체 한 곳과 계약을 하고 이용해본 적도 있었으나, 사실상 회사가 갑이고 조합원들은 을의 조건이나 다름없다 보니 정작 조합원들에게는 그다지 큰 이익이 되지 못하였습니다. 이 경험을 통하여 조합이 직접 LPG 허가를 받아 직영으로 운영을 하여야

직영 LPG충전소.

95

만 조합원들에게 도움이 된다는 것을 알게 되었습니다. 그래서 저는 조합 회관 근처에 부지를 구매하여 조합 직영 충전소를 설립할 계획을 일찍이 세워두고 있었던 것입니다.

그러나 부산시 개인택시 대다수가 편리하게 이용할 수 있는 도심에 LPG 충전소 건립 허가를 받는 일은 쉬운 일이 아니었습니다. LPG는 폭발성이 있는 위험한 연료이기 때문에 안전거리 등 여러 가지 제약이 많았습니다. 8차선 도로 및 조합 회관 부지와 인접한 땅은 개인 가옥과 녹지가 있는 400여 평이 유일했습니다.

부산개인택시조합이 직영 LPG 충전소 허가를 받기 위해 부지를 구매한다는 소문이 LPG 업계에 알려지면 사실상 이 사업은 끝장이 난다는 것을 저는 잘 알고 있었습니다. 왜냐하면 당시는 자가용 차량은 LPG 사용이 금지되어 있었고 오직 택시만 LPG를 사용하고 있었기 때문에 과반이 더 되는 소비자 단체가 조합의 LPG 충전소 운영을 가만히 내버려두지는 않을 것이기 때문입니다.

그래서 저는 조용히 LPG 허가 전문 사업체를 통하여 허가 가능하다는 것을 확인받은 후, 조합 이사회를 소집하였습니다. 이윽고 LPG 충전소 건립 부지 매입위원회를 구성하여, 약속을 받아둔 해당 부지를 전격적으로 구매할 수 있었습니다.

시대를 20년이나 앞서간
획기적인 택시정보화사업,
그리고 부산개인택시조합 직영
LPG 충전소 사업 개시,
이 두 가지 역사적인 사업이
실현단계에 있던 시점에서
마침 이사장 임기가 얼마 남지 않아
곧 11대 이사장 선거가 공고되었다.
부산을 넘어 우리나라 전체의
개인택시의 운명을 좌우할 수 있는
중대한 사업들을
온갖 우여곡절과 난관 끝에
성공적으로 이뤄냈다는 보람이 가득했다.

역사에 획을 그을 사업 실현을
목전에 두고

　그 후 충전소 사업을 개시하기까지는 차마 말로 다 하지 못할 더 큰 난관들이 이어졌습니다. 구매한 부지에서의 건립 허가를 받는 데 성공하기까지 기득권자들과 힘 있는 자들의 무수한 방해와 두터운 장벽을 극복하고 온갖 수모를 겪어야 했기 때문입니다.

　겨우 천신만고 끝에 허가를 받고 나자 국내 LPG 물류회사들과의 줄이 이어졌습니다.

　저는 충전소를 한 곳만 여는 것으로는 부족하다고 생각하였습니다. 부산 전역에서 개인택시 1만 3천여 대가 조합 직영 LPG 충전소를 불편 없이 이용할 수 있도록 하기 위해서는 적어도 4~5개의 충전소가 있어야 된다고 판단하고 있었습니다.

부산개인택시 1만 3천 대가 모두 이용하도록

허가된 LPG 충전소가 도심 중앙에 위치하고 있기 때문에 충전 스탠드를 많이 설치하여 메인 충전소로 만들고, 동서남북 사방 지역별로 다섯 곳 정도의 직영충전소를 더 만들 계획이었습니다.

도심에 비해 외곽 지역은 허가를 받기도 수월하고 기존에 허가된 충전소를 매수해도 그다지 부담스럽지 않을 것이기에 가능할 것이라 여겼습니다.

그리하여 전국의 여러 LPG 물류회사 중 부산의 충전소 2개를 조합 직영으로 사용하는 전제 조건으로 판매 대리점 계약도 할 수 있었습니다. 허가된 LPG 충전소를 구매하든 혹은 추가로 허가를 받든 필요한 자금을 조합이 무이자로 차용해준다는 조건으로 특약도 하였습니다.

시대를 앞서간 획기적인 택시정보화사업 추진, 그리고 부산 개인택시 조합 직영 LPG 충전소 사업 개시, 이 두 가지 역사적인 사업이 실현단계에 있던 시점에서 마침 저의 이사장 임기가 얼마 남지 않았고 곧 11대 이사장 선거가 공고되었습니다.

4. 택시정보화사업의 실패 원인?

저는 부산을 넘어 우리나라 전체의 개인택시의 운명을 좌우할 수 있는 중대한 사업들을 천신만고 끝에 성공적으로 성취하였다는 자부심과 보람이 가득했습니다.

그래서 어쩌면 차기 이사장 당선도 무난할 것으로 믿고 다소 소홀한 점도 없지 않았을 것입니다. 하지만 상대 후보의 비방과 허위사실 유포가 제 인생은 물론이고 부산 개인택시조합 전체의 앞날을 가로막을 줄을 그때는 상상도 하지 못하였습니다.

당시 상대 후보는 제가 택시정보화사업을 하면서 조합원들 몰래 13억 원의 보증을 하였으며 이 사업이 가동되면 조합원들에게 20~30만 원씩이나 되는 이용료를 부담하게 할 것이라는 터무니없는 허위 내용을 8절지에 1만 3천부 씩 세 차례나 인쇄하여 배포하였습니다.

정작 그 후보 자신은 억 대에 이르는 대가성 돈을 받아 조합원들에게 배포하는 등 부정선거를 하였고 그 과정에서 저는 낙선을 하고 말았습니다. 그리고 완성 단계에 있던 택시정보화사업은 중단되고 말았을 뿐만 아니라 조합에 100억 원 대에 달하는 손해를 입혔습니다. 설상가상으로 택시정보화사업 실패의 누명을 저에게 씌웠습니다.

상대 후보의 근거 없는 흑색선전

당시 이사장 선거에는 위 사업을 추진하고 있던 저를 비롯해 조합원 전 모 씨가 후보에 등록하였습니다.

그는 선거비용 조달을 위해 통신 사업자들로부터 선거자금 7천만 원(콜 사업자 천일콜 대표 도 모 씨로부터 5천만 원, 무선망 사업자 BNG ROTIS 대표 김 모 씨로부터 2천만 원)을 받으면서, 자신이 이사장에 당선되면 도 씨에게는 콜 사업권을, 김 모 씨에게는 망 사업권을 주기로 하고, 만약 전 모 씨가 낙선하더라도 받은 돈은 되돌려주지 않는다는 내용의 각서를 써 주고 이 돈을 선거비용으로 사용하였습니다.

이와 같은 진실이 밝혀진 것은 3년 6개월 후 당시 공범자였던 우

모 씨의 폭로에 의해서였습니다. 우 모 씨는 선거자금을 제공한 사업자들을 전 모 씨에게 소개하고, 선거자금을 받은 후 '각서'에 전 모 씨와 공동으로 서명하였습니다. 그는 이 공으로 전 씨가 이사장에 당선된 후 부이사장 및 택시정보화사업 추진위원장직을 지명 받았습니다.

언론에 폭로된 내용에 의하면 전 씨와 우 씨는 통신사업자들과 '각서'로 약속한 조건을 이행하기 위하여, 당시 정보화사업을 주관하던 단말기제작업체인 유니콘 주식회사에게 해당 통신사업자들을 참여시키자고 제안했지만 거절당했습니다.

허위 문서를 만들어 기존 정보화사업을 중단

그러자 그들은 두 통신사업자와의 약속을 지키려면 유니콘 회사를 배제하지 않고는 불가능하다고 판단하고, 유니콘을 배제한 채 새로이 정보화사업을 추진하려 하였습니다. 전 씨는 이 사업을 다시 처음부터 시작하더라도 참여 업체가 많을 것으로 믿고, 기존 사업을 중단할 명분을 만들었습니다. 그 명분을 만들기 위해 '유니콘 회사의 전자단말기는 차량용으로 부적합하다'라는 허위 감정서를 만들었습니다.

허위 감정서를 만들 수 있게 되자 전 씨는 그 당시 약 100억 원 대의 비용이 투자되어 완성 단계에 있던 택시정보화사업을 기존 참여업체들과 협의도 없이 '단말기 결함'이라는 이유로 중단시켰습니다. 또한 허위 감정서를 마치 공인기관의 감정서인 것처럼 홍보하였습니다.

나중에 이 허위 감정서를 단말기대금 소송 재판부에 제출하였다가 허위 감정서임이 탄로 났던 것입니다.

그리고 '각서'로 약속한 사업자들을 참여시키는 새로운 사업을 추진한다며 요금이 인상된 카폰으로 교체시키는 등 사업 시도를 하였으나, 새로운 택시정보화사업에 지원금을 내고 참여할 관련업체가 없자 결국 이 사업은 조합 예산만 낭비하고 실패하였습니다. 그러나 새로 추진한 택시정보화사업이 왜 중단되었는지에 대해서는 조합원들에게 제대로 된 해명도 하지 않았습니다. 그리고 그 책임을 뒤집어쓴 것은 바로 저였습니다.

그는 비리를 저지르는 과정에서
기존에 내가 추진하던 택시정보화사업을
이런저런 구실을 대며 심지어
허위 문서까지 만들어 중단시켰다.
자신의 비리를 은폐하고 방어하기 위해
8년간 민 · 형사 소송비용으로 들어간
금액을 감안하면 조합에 입힌 손해는
약 100억 원 이상이다.
그러나 정작 그 책임은
택시정보화사업을 추진하였던 나에게
뒤집어씌운 채 온갖 거짓으로
조합원들을 속여 왔던 것이다.

5

100억에 얽힌 비리의 전말

이 사건에 관한 구체적인 사실관계를 순서대로 일목요연하게 정리하면 다음과 같습니다.

1. 전 씨는 이사장으로 취임한 직후부터 TIP을 계속 추진할 의지는 보이지 않고 콜 사업자를 교체하자고 요구하는가 하면 단말기 대금을 인하하라는 등 시비만 계속하였습니다. 불안을 느낀 유니콘(주)은 단말기대금 등 62억 7천9 백만 원을 조합을 상대로 제기하였습니다.

2. 이 사건 담당 서울지법15민사부는 단말기 하자 여부를 가리기 위해 조합(전 씨) 측에 감정 비용 2,500만 원을 공탁하게 하고, TIP에 사용된 단말기를 한국 전자연구원에 감정 의뢰하였습니다. 감정결과 "TIP에 사용된 단말기는 사용상 하자 없고, 일부 하자가 있는 것은 수리나 교환으로 사용 가능하고 가격도 적정하다"는 결과가 나왔던 것입니다.

3. 서울지법15민사부는 감정 결과를 근거로 조합에 납품된 단말기 대금

3,626,682,000원을 지급하라는 판결을 하였습니다. 지급된 630,000,000원을 공제한 2,996,882,000원은 지급 완제일까지 연 20%이자를 지급하라는 판결을 하였습니다.

(1심 판결문 2003.12.24.)

4. 1심 판결은 계약대수 중 조합에 납품된 물품대금에 대한 대금만 선고하고 제작이 늦어 납품이 안 된 물품대금은 판결은 하지 않았습니다.

그런데 전 씨는 마치 단말기가 하자가 인정되어 조합이 일부 승소한 것처럼 조합원들에게 판결문을 왜곡하였습니다. 그리고 항소하면 100% 승소할 수 있는 것처럼 주장하면서 2년 2개월 간 1심판결금의 연 20% 이자를 지불하면서 항소와 상소를 하였지만 대법원에서도 1심 판결과 같이 판결되었습니다.

(대법원 판결문 2006.2.24.)

5. 감정 결과를 근거로 판결된 사건은 상식적으로 불복할 이유가 없는데 2년 2개월간 이자만 12억 6천만 원, 송인지대와 변호사비용 등을 감안하면 약 15억 원 이상 손해를 더 입혔습니다.

6. 유니콘은 계약 대수(13,000대) 중 제작이 늦은 미공급분 단말기 5,346여 대와 프린트기 6,426대, 26억 5천 2백만 원에 대한 물품대금 청구소장을 서울동부지법원에 제기하였습니다. 서울 동부지방법원은 1차 단말기대금 판결과 같이 단말기 감정 결과를 근거로 청구한 단말기대금 전액을 조합이 지급하라고 판결하였습니다.

7. 조합은 서울고법에 항소하면서 TIP을 중단하였기 때문에 단말기가 필요치

않고, 유니콘은 이 단말기를 다른 곳에 팔든지 부품이라도 사용할 수 있기 때문에 쌍방 이익을 고려하는 조정을 재판부에 건의하였습니다.

서울고등법원은 소송 당사들의 쌍방의 이익을 고려해 미납된 단말기는 조합이 필요치 않고, 유니콘은 단말기를 조합에 납품하지 않는 조건으로 유니콘이 16억 5천만 원만 받는 조정안을 권고하였습니다. 유니콘과 조합이 이 조정안을 수용하여 조정 판결하였습니다.

(2차 물품대금 서울고법원판결)

8. 이로서 단말기대금 소송은 7년 만에 끝났습니다. 유니콘은 물품대금으로 62억 7천 9백만 원을 청구하고, 받은 돈은 6천여 대의 단말기를 납품하지 않고도 조합에서 이자 포함 총 64억 6천 3백만 원을 받아갔습니다.

조합은 유니콘에 지급한 총 64억 6천 3백만 원 외에 단말기대금 관련 6건의 소송법무비용(인지대, 변호사비, 사례금, 감정비) 등 단말기대금 관련 지출만 70억 원에 달하였습니다.

9. 그 외 TIP에 물품을 공급한 유성실업(갈매기택시 등), 한일택시메타(단말기 장착비용), 이지세(통역장비), 한국정보통신과 국민은행(카드결제기), 이어폰(진해일렉트릭)등이 제기한 소송비용과 패소 지급금이 적어도 수억 원 될 것입니다.

10. 새로운 TIP을 추진하면서 IT 전문직원 특채월급 등 1년여 간 각종 비용이 들었고, 비리에 대한 문제를 제기하는 조합원을 7명이나 제명하여 민형사 소송비용과 패소로 지급된 돈도 수 억에 달합니다.

억울한 누명과 기나긴 소송의 세월

정리하자면 이와 같습니다.

전 모 씨가 자신의 비리를 은폐하고 방어하기 위한 과정에서 8년 간 민형사 소송비용으로 들어간 금액을 감안하면, 조합에 약 100억 원 대 이상 손해를 입혔습니다. 즉 비리를 저지르는 과정에서 택시정 보화사업을 중단시켜 100억 원 대의 손해를 입히고, 정작 그 책임은 택시정보화사업을 추진하였던 저에게 뒤집어씌운 채 온갖 거짓으로 조합원들을 속여 왔던 것입니다.

만약 제가 이사장 재임 시절에 건립한 조합 직영 LPG 충전소에서 올린 연간 수십억 원의 소득이 없었더라면 100억 원 대가 넘는 피해 금액을 변상하기 어려웠을 것이고 부산 개인택시 조합은 풍비박산 이 났을지도 모릅니다.

이것이 부산 택시정보화사업 100억 원에 얽힌 사건의 전말입니다.

이 일로 인해 저는 오랜 세월 동안 누명을 쓰고 고통을 받았습니 다. 그러나 진실은 저를 버리지 않았습니다. 10년이 넘도록 진실을 밝히려고 노력한 결과 수백 건의 명명백백한 증거와 수십 건의 법원 판결, 그리고 세 건의 대법원 판결이 그 증거입니다.

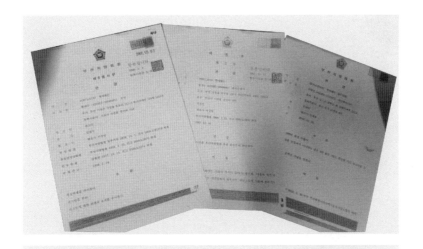

3건의 대법원 판결문에서 가해자들의 유죄입증 판결문

1. 단말기에 대해 치명적인 결함이 있다는 것에 대한 대법원 판결문.

2. 가짜 감정서에 의해 조합원들을 속인 내용이 허위로 밝혀진 판결문.

3. 2건의 민·형사 대법원 판결에서 정보화 사업 중단으로 조합에게 100억원 대의 손해를 입힌 가해자들에게 대법원에서 명예훼손으로 처벌받은 판결문.

법원판결문이 증명하는
명예훼손 사건의 진실

저는 100억에 얽힌 이 진실을 조합원들에게 알리기 위해 강산이 변한 세월을 극복하고 돌아왔습니다. 그리고 시시비비를 가리기 위해 포기하지 않았습니다. 그럼에도 불구하고 저는 허위사실을 유포했다며 오히려 명예훼손으로 고소당하는 어이없는 일도 겪었습니다.

이에 대하여 법원에 직접 제출한 진술문을 토대로 하여 사건의 전말을 정리하면 다음과 같습니다. 이는 명백히 법원판결 결과가 증명해주는 엄연한 사실이니 조합원들에게 한 점 거리낌 없이 밝힐 수 있는 내용입니다.

100억대 소송에 얽힌 사건 개요

1. 2009년 2월에 개인택시 조합원들이 고소인(황대수)을 찾아와 자기들이 기자로 참여하고 있는 주간지 '부산개인택시신문' 이 발행인의 개인사정으로 발행을 중지할 지경에 있다면서, 20여 년의 부산개인택시 조합 이사장직과 전국 개인택시 연합회 회장직을 역임하고 개인택시 사업의 산 증인이라 할 수 있는 경륜을 가진 고소인이 이 신문 발행인을 맡는다면 자기들(개인택시조합원 기자)이 적극적으로 돕겠다고 하였습니다.

2. 예상치도 않았던 제안이라 망설이던 고소인은 수락을 하고 '부산개인택시 신문' 발행을 등록하였습니다.

3. 고소인(황대수)이 이 신문발행인이 되어 복간지를 발행한 후 고소인으로부터 TIP의 전말을 자세히 들은 기자들은 깜짝 놀랐습니다. 조합원들은 고소인의 잘못으로 TIP이 중단된 것으로 알고 있다면서, 기자들이 공동으로 진실을 확인 취재하여 본지에 보도하기로 하였습니다. 그리고 본지 2009.4.29일자 신문 1면에 고소인이 작성한 택시정보화사업 전말서를 요약 게재하였습니다.

4. 이 같은 내용이 본지에 보도되자. 피고소인(전 모 씨)은 보도 내용이 허위라고 주장하면서 조합 공금으로 변호사를 선임하여, 피고소인을 음해하려는 세력이 허위사실을 본지에 보도하였으며 본지의 상호('부산개인택시신문')가 개인택시 조합원들이 조합 기관신문으로 오해 받는다면서, 본지의 상호 사용 금지 가처분을 부산지방법원에 제기하였다가, 가처분 취지를 바꾸어 본지 발행

및 배포금지 가처분 신청으로 정정 제출하였습니다.

5. 본지 발행인(고소인)은 본지에 보도된 내용은 모두 진실이고 언론 관련법에도 저촉된 사실이 없다면서 본지 보도 내용이 사실임을 확인할 수 있는 'TIP의 전말서'를 제출하였습니다.

6. 부산지방법원은 피고소인이 신청한 가처분 신청은 모두 이유 없다면서 기각 결정하였습니다. 본지 2009년 8월 9일자 신문에 '신문 발행금지 가처분 본지 승소'라는 제목으로 승소 사실을 보도하면서, 피고소인이 추진한 새로운 TIP의 실패로 조합에 100억 원 대의 손해를 입힌 사실을 상세히 보도하였습니다.

7. 피고소인은 "부산 개인택시 신문 허위기사 내용에 대해 조합원이 알아야 할 사실 내용"이란 제목의 조합 공문으로 '불순한 의도를 가진 자들이 피고소인을 음해하고 조합을 와해시킬 목적에서 허위 내용을 보도하였다'고 하면서, 기사를 게재한 기자 4명(조합원)과 발행인(고소인)을 허위 사실에 의한 명예훼손으로 고소하였고, 기자 4명을 조합에서 모두 제명시켰다면서 허위 신문기사에 현혹되는 일이 없도록 각별히 주의하라는 공문을 보냈습니다.

8. 명예훼손으로 고소당한 고소인과 기자 4명은 피고소인을 허위사실에 의한 명예훼손과 신문발행을 방해한 업무방해죄로 고소하였습니다.

9. 그 결과 피고소인이 고소인(발행인)과 본지 기자 4명을 명예훼손으로 고소

한 사건은 기사 내용이 사실로 확인되어 모두 무혐의 처분되었고, 피고소인이 보낸 공문은 허위임이 밝혀져 고소 내용대로 기소되었습니다.

그리고 부산지법에서 벌금 500만 원의 유죄 선고를 받았고, 피고소인이 항소하였으나 항소부에서도 같은 죄가 인정되어 유죄를 선고하였습니다.

그리고 피고소인이 제명한 기자 4명 모두 본지에 보도된 기사가 사실임이 입증되어 8건(가처분 4건과 본안 4건)의 사건 모두 기자들이 승소하였습니다.

10. 위 대법원 2건의 관련 판결과 십여 건의 판결에서 확인된 바와 같이 고소인이 작성한 택시정보화사업의 전말서는 모두 사실로 거듭 확인되었습니다.

11. 피고소인은 자신이 저지른 비리(대가성 선거자금과 가짜감정서 등)를 숨기려고 수단과 방법을 가리지 않았고, 피고소인의 비리를 밝히려고 당국에 진정하거나 고소한 조합원들은 이사장이란 직을 악용하여 무차별적으로 제명시켜 버렸습니다. 이로 인해 희생된 조합원이 10여 명이나 됩니다.

따라서 피고소인이 고소인을 고소한 행위는 파렴치한 무고 행위라고 판단합니다. 부디 항고부에서는 TIP을 고의적으로 중단시키고, 가짜 감정서를 만들어 조합원들을 속이고, 고소인에게 모든 책임을 뒤집어씌우고, 조합원들에게 100억 원 대가 넘는 피해를 입히고, 조합원들의 경쟁력 제고의 꿈을 앗아간 가해자로 밝혀진 피고소인이 단죄될 수 있기를 간절히 바라는 바입니다.

7

단 한 번의 후회도 부끄러움도 없다

저는 인생의 황금기인 30대 중반에 개인택시 면허를 받은 후 개인택시를 위해 인생 모두를 아낌없이 바쳐왔습니다.

조합 이사장직을 재임하면서 조합 설립 초창기인 1978년 초부터 1983년 말까지 약 5년간 저는 월급을 받지 않고 매일 출근하면서 무보수로 봉사하였습니다. 조합 일과 분쟁 때문에 개인택시운전을 못했고 반대편의 고발 때문에 대리운전을 시킨 일도 없습니다.

교통부의 운수단체 활성화 조치에 따라 개인택시 조합 이사장은 임기 중에는 소유한 개인택시를 시에 반납하고 급여를 받도록 되어 있어, 1983년 하반기부터는 저의 개인택시 사업 면허를 부산시에 반납하고 급여를 받았습니다.

1995년 전국개인택시조합연합회 회장직으로 부산개인택시조합 이사장직을 떠날 때까지, 이사장 재임 기간 16년 중 초창기 5년간은 무보수로, 이후 12년간은 월급을 받긴 하였지만 조합원들의 정서를 고려하여 이사장 급여를 개인택시 조합원들의 매월 수익을 초과하지 않도록 하였습니다. 그래서 당시 저의 급여는 전국 이사장 중에서 가장 적었습니다.

이사장 재직 중에 여러 번 승용차를 바꾸었지만 이 또한 중고차를 제 개인 돈으로 구매하여 사용하였습니다. 처음에는 오래된 중고 브리샤 자가용을, 다음에는 폐차 직전에 있는 중고 스텔라를 구매하여 사용했습니다. 1990년대에는 소형차 프레스토를 조합 예산으로 구매하여 이용했습니다. 그리고 1995년 전국개인택시조합연합회 회장이 되어 떠나기 직전에는 프린스를 이용한 것이 전부였습니다.

조합 예산으로 구매한 승용차는 프리스토와 프린스인데 한 번도 전용 기사를 두지 않고 스스로 운전하였습니다. 단, 공제지부 업무용으로 사용한 포니는 공제 직원이 운전한 사실이 있습니다.

무엇 하나 쉽게 이룬 것 없지만

서울 등 다른 지역의 조합 이사장들이 대부분 고급 승용차에 전용 기사를 두는 것이 관례였지만 저는 조합원들에게 위화감을 줄까 염려하여 이와 같이 조심하였습니다. 매번 낡은 자가용을 이용하면서도 고달프게 일하는 많은 조합원들에게 상처를 줄까 두려워 조심스러웠습니다. 조합 모임에 갈 때에도 조합원들 눈에 보이지 않는 곳에 차를 세우고 걸어가는 것이 습관이 되어 있었습니다.

지금 부산개인택시조합이 하고 있는 공제사업, 각종 상조사업, 새마을금고 사업, 자동차부품 매장사업, 택시 메타기 수리 및 검사 허가, LPG 충전소 사업, 국내 동종업계 중 가장 넓고 큰 조합 회관 설립에 이르기까지 어느 것 하나 쉽게 이룬 것은 없습니다. 매번 목숨을 걸다시피 사활을 걸고 피땀 흘려 이뤄냈습니다.

이러한 일들을 추진하는 동안 제가 살던 아파트는 언제나 은행에 한도금액으로 담보되어 있었습니다.

25년 전, 팔순 노모와 아내, 4명의 아이들을 데리고 지금 살고 있는 기장으로 이사 왔을 때, 이곳에는 부산으로 가는 시내버스도 없었습니다. 부산시에 있는 학교에 다녔던 아이들은 무척이나 불편했을 것입니다. 그러나 부산개인택시조합을 위해 희생하고 봉사하며 살아온 저의 삶을 한 번도 후회한 적은 없습니다. 사익을 챙긴다며 근거 없는 모함도 수없이 당하고 고소도 수십번 당해왔지만 늘 떳떳하였고 결국 진실로 드러났습니다. 진실 앞에 한 점 부끄럼 없는 것이야말로 개인택시와 함께 한 저의 삶이었습니다.

8

개인의 사욕이 모두를 망친다

최근 들어 조합의 금고 자산이 커지자 일부 책임자의 방만한 경영이 원인이 되어 부끄러운 사고가 발생하여 조합원들의 신뢰를 떨어뜨리고 있어 안타깝습니다.

꽤 오래전부터 금고 이사장 연봉이 억대에 가깝도록 오르고, 이사들에게 회의비로 1인당 15만 원을 지급하면서 추가로 상조금 명목으로 매달 40만원을 지급하고 있습니다. 이렇게 지급되는 돈 중 매월 회의비 중에서 5만 원과 상조금 40만 원, 도합 45만 원을 4년간 적금을 들게 하여 4년 이사 임기가 끝나면 1인당 약 3천만 원을 받아가고 있습니다.

금고 임원선거가 시작되면 임원이 되기 위해 많은 돈까지 뿌리는 타락 금고로 변질되고 있는 것이 안타깝기 짝이 없습니다.

피땀 흘려 이룩한 조합이 타락의 온상으로

이와 같은 구체적인 진실이 상호 고발 사태로 발전되어 검찰 조사에서 밝혀져 부이사장 후보자 4명이 구속되고 대의원 140여 명 중 102명이 부정선거 금품수수 혐의로 수백만 원씩 벌금형을 받은 부끄러운 새마을금고로 전락되기도 하였습니다. 특히 금고 이사장 선거는 경쟁하던 후보가 선거를 앞두고 별다른 이유도 없이 갑자기 사퇴함으로서 억대의 금품이 오갔다는 루머가 조합원들 사이에 무성하였습니다.

이와 관련된 보도가 수개월 동안 언론에 보도되어 개인택시 전체의 이미지까지 추락하는 사태를 보면서, 이 새마을금고를 설립하고 무보수로 겸직하면서 온갖 복지사업을 추진하면서 키워온 본인으로서는 가슴이 저렸습니다.

이런 일이 벌어진 이유는 개인이 공명심을 버리고 사리사욕을 챙기려 했기 때문이니 참으로 안타까운 일입니다.

개인의 욕심으로 사익을 채우고 어두운 곳에서 비리를 저지르는 것이 과거 시대에는 통하였을지 모릅니다. 그러나 그것이 결국에는 반드시 참담한 결과를 불러일으키며 한 사람만이 아니라 모두의 앞날을 가로막는 일이라는 것을 이제는 깨달았으면 하는 마음입니다.

9

언론 보도로 드러난
2002년 부산 택시정보화사업 변천사

「부산 갈매기택시, 정보화 본격」

(머니투데이, 2002년 5월 24일)

월드컵과 부산 아시안게임 등 각종 국제행사를 앞두고 부산지역 택시들이 첨단 정보기술(IT) 기기를 장착하면서 탈바꿈하고 있다.

부산개인택시조합(이사장 황대수)은 23일 기자간담회를 통해 택시의 브랜드화를 공식 선언했다. 황 이사장은 이날 간담회에서 5월 말까지 조합택시 1만 3천여 대 모두가 정보화 기기를 장착하게 될 것이라고 말했다.

부산 TIP사업은 지난 1996년 교통서비스 개선을 요구하는 민원해소 차원에서 출발해 지난 해 12월 약 500대 규모로 시작해 현재 조합택시의 약 54%에 달하는 7,200여 대가 정보화 기기 장착을 완료했다.

부산의 정보화택시란 부산시와 부산개인택시조합이 공동으로 부산정보화택시사업(TIP, Taxi Information Project)에 따라 추진하고 있는 지능형 택시를 말한다. 항도 부산을 상징하는 갈매기 로고를 택시 본체 양 옆과 상단 윗부분에 달아 부산지역에서는 일명 '갈매기 택시'로 불리는 지역의 명물이다.

정보화 택시는 영어, 일어, 중국어 등 8개 외국어 통역서비스를 비롯, 무료 콜 서비스, 신용카드 결제 및 영수증 발급, 긴급 구난 등의 서비스 기능을 두루 갖추고 있다. 서울 등 일부 지역에서 부산 정보화 택시의 일부 기능을 가진 택시가 현재 운행되고 있지만 부산 정보화택시에 비해 초보 수준에 머무르고 있는 실정이다. 또한 부산시와 택시조합이 공동 프로젝트를 마련해 택시의 브랜드화 기치를 내놓은 일은 국내에서 처음 있는 일이다.

무엇보다도 부산 정보화택시는 국내 IT 산업의 기술 척도 및 사양화 되는 국내 택시산업의 새로운 전망을 모색해 볼 수 있다는 점에 그 의의가 있다. 먼저 정보화 택시는 택시 이용 승객이 기존의 현금결제 방법과 병행해 하나로카드, 각종 신용카드, 마이비 부산 디지털카드 등의 택시요금 지불을 상용화함으로써 이용고객의 편리성을 기했다.

또한 지리정보시스템(GPS)을 이용한 택시 예약이 가능할 뿐만 아니라 택시 내에서 외국관광객과 기사 통역센터 간 실시간으로 8개 국어(영어, 일어, 중국어, 러시아어, 스페인어, 프랑스어, 독일어, 아랍어) 통역이 가능하다.

이밖에도 택시요금 영수증 발행과 전체 개인택시 데이터망을 이용해 차내 분실물을 해결할 수 있다. 또한 경찰청 정보망과 연계, 택시강도 조합원 위급상황 등 각종 범죄예방에 택시를 활용할 수 있게 함으로써 택시가 움직이는 경찰차 역할을 할 수 있다. 뿐만 아니라 멀티미디어 홍보시스템을 활용해 중요한 시정 및 캠페인 활동을 펼칠 수 있는 기능도 있다.

황 이사장은 "자가용 이용자가 큰 폭으로 늘수록 택시산업이 사양화되는 것은 피할 수 없는 현실"이라며 "부산 TIP 사업은 침체 상태에 놓인 국내 택시산업을 보호하고 택시가 고급 대중교통수단으로 도약할 수 있는 업권 보호의 의미도 함께 담고 있다"고 말했다.

한편 부산시와 부산개인택시조합은 지금까지 TIP 사업에 투입된 214억 원의 예산 외에 사업의 성공적인 마무리를 위해 투자업체 모집을 계획하고 있다.

(문병환 기자)

「택시정보화 앞장 선 황대수 이사장」

(매경이코노미 제1160호, 2002년 6월 21일)

"택시의 첨단서비스는 IT로 달성한다."

부산시 개인택시 운송사업조합 황대수 이사장은 선진 택시문화 전도사를 자임한다. 평생을 택시와 더불어 살아온 그로선 지극히 당연한 일이다.

뒤떨어진 택시 환경 개선을 위해 고심하던 그가 택시정보화사업(TIP, Taxi Information Project)을 본격적으로 시작한 것은 지난 96년. 항도 부산을 상징하는 갈매기 로고를 만들어 정보화사업에 참여하는 택시들을 차별화했다. 지방자치단체와 협조해 택시 정보화사업을 추진하는 첫 사례였다.

그가 구상한 정보화 택시들은 다양한 서비스를 제공했다. 대부분 세계 최초의 서비스였다. 영어, 일어, 중국어, 아랍어 등 8개국어의 외국어 통역서비스를 비롯해 무료 콜서비스, 신용카드 결제 서비스, 영수증 발급, 분실물 찾기, 긴급구난, GPS 시스템을 이용한 예약 등. 시민들의 관심도 날로 커졌다.

특히 8개국어 통역 서비스는 외국 관광객이 많은 항구도시 부산에서 큰 호응을 얻었으며 갈매기 택시를 외국관광객들에게 알리는 계기가 됐다. 현재 서울 등 일부 지역에서 일부 기능을 가진 택시가 운행되고 있지만 부산 정보화택시에 비하면 초보 수준에 지나지 않는다는 게 황 이사장의 말이다.

부산 정보화택시는 무엇보다 황 이사장의 택시에 관한 풍부한 경험과 국내 IT 기술의 발전이 접목된 작품이었다.

TIP사업에는 부산개인택시 운송사업조합 외에 KTF 등 8개 기관이 공동으로 참여했을 만큼 대규모 프로젝트였다. KTF는 무선통신망을 담당했으며 한국정보통신은 신용조회기능을 제공했다. 또 금융기관으로는 국민은행이 결제은행 역할을 맡았고 모비츠 등 IT 전문 업체들이 각종 콘텐츠를 제공한다.

콘텐츠 제공업체들은 택시 승객들이 꼭 필요로 하는 서비스가 무엇인지를 잘 반영해 콘텐츠를 개발, 서비스 수준을 한 단계 올려놓았다.

TIP사업은 사업 초기에는 500대의 시범 서비스 수준으로 출발했으나 현재 7,200여대가 가입해 부산지역 1만 3천 여 대의 개인택시 가운데 참여 비율이 이미 50%를 넘어섰다. 황 이사장은 올해 안에 1만 대를 돌파할 것으로 자신한다.

이처럼 부산갈매기 택시가 인기를 끌고 외부에 알려지자 국내외의 관심이 크게 높아지고 있다. 황 이사장은 "최근 일본 NHK 방송국은 네 번이나 부산을 방문해 집중적으로 취재를 해갈 정도로 관심을 보이고 있다"며 "TIP 사업이 외국에서도 주목하는 부산의 성공적인 교통 선진화 사례로 꼽히고 있다"고 강조했다.

황 이사장은 택시정보화사업 성공비결이 단순히 승객들에게만 편리함을 주는 것만은 아니라고 말한다. 개인택시를 운행하는 기사들은 모두가 개인사업자들 때문에 수익 증가로 연결되지 않으면 참여를 기피하므로 TIP사업이 성공하기 힘들다는 것. 택시에 갈매기 로고를 부착한 택시들은 차별화한 서비스가 서서히 알려지면서 손님이 늘고 있다 한다. 수익 증가로 연결되는 것은 당연한 일이다.

택시기사들은 한 달 정보사용료를 4만 원 정도 부담해야 하지만 모든 부담을 시 보조금과 광고수익 등으로 해결하고 있다고 한다. 택시기 사들의 비용부담을 완전히 없앤 셈이다.

현재까지 부산시와 부산개인택시조합은 TIP사업에 214억 원의 자금을 투입했다. 황 이사장은 사업 추진의 마무리에 와 있는 TIP사업을 성공적으로 완결하기 위해 부대사업 발굴에도 적극적으로 나서고 있다.

"첨단기능을 갖춘 갈매기 택시를 택배사업이나 방범사업 등으로 수익원을 확대할 비책을 모색하고 있다"는 황 이사장은 "부산갈매기 택시가 하나의 유력한 브랜드로 자리 잡을 수 있도록 노력하고 있다"고 밝혔다.

(김성진 기자)

「부산시 개인택시 운송사업조합 비상등」

(부산일보 2006년 2월 25일)

부산시 개인택시 운송사업조합이 한때 추진하다 중단한 택시정보화사업(TIP)으로 거액의 송사에 휘말린 끝에 잇따라 패소해 수십억 원을 고스란히 날리게

됐다. 또 전병선 현 택시조합 이사장이 지난 2002년 통신관련 업체 2곳으로부터 이사장 선거자금 명목으로 7천만 원을 빌렸다가 선거 후 되돌려준 사실이 뒤늦게 드러나 물의를 빚고 있다.

대법원 3부(주심 김황식 대법관)는 24일 택시정보화사업의 핵심인 무선단말기 제작·공급업체인 U사가 택시조합을 상대로 제기한 물품대금 청구소송 상고심에서 택시조합은 U사 측에 단말기 대금 28억 7천만 원과 이자(12억 여 원)를 지급하라고 선고한 원심을 확정했다.

택시정보화사업은 개인택시에 무선정보단말기를 부착해 신용카드 및 교통카드 결제, 동시통역, 콜 서비스, 영수증 발급 등을 동시에 제공하는 것으로 지난 2001년부터 황대수 전 이사장이 주도적으로 추진해온 사업이다. 당시 KTF와 국민은행, 마이비카드, 콜 전문업체 모비츠 등 9개 업체가 컨소시엄 형태로 사업에 참여해 단말기 구입대금 등 총 91억 5천만 원의 지원금을 내놓기로 협의각서를 체결했다.

그러나 2002년 5월 이사장 선거에서 전병선 이사장이 황 전 이사장을 꺾고 당선된 이후 단말기에 중대한 결함이 있다는 이유로 사업이 사실상 중단됐다. 이 과정에서 U사는 조합을 상대로 납품한 단말기 대금을 지급하라는 소송을 서울지방법원에 제기했고, 1심과 항소심 재판부는 "단말기에 정상작동이 어려운 중대한 하자가 존재한다고 보기 어렵다"며 원고의 손을 들어줬다.

U사는 항소심 승소 후 부산 연제구 거제동 개인택시회관 등 조합 재산에 대한 압류 및 경매개시 결정을 받아냈다. 대법원 최종 판결로 조합이 41억 여 원을 변제하지 못할 경우 경매 절차가 진행될 수밖에 없는 상황이다. 이에 앞서 또

다른 부품을 납품한 업체도 조합을 상대로 한 소송에서 승소해 9천만 원을 받아갔으며, 컨소시엄 참여 업체들도 사업 중단 이전에 투입한 지원금을 반환하라는 소송을 잇달아 제기해 현재 1,2심에 계류 중이다.

결국 택시조합은 택시정보화사업의 패착으로 지원금을 받지 못한 채 오히려 용도 폐기된 단말기 대금 등으로 거액을 물게 된 셈이다. 이 때문에 택시조합 내부에서는 택시정보화사업 중단을 놓고 책임공방이 벌어지면서 심각한 갈등이 빚어지고 있다.

현 이사장 측은 "사업추진 자체가 문제였으며, 단말기 결함으로 사업을 유지할 수 없었다"고 주장하는 반면 전임 이사장 측은 "현 이사장이 완성 단계의 사업을 독단적으로 중단시켰다"고 주장하고 있다.

이 과정에서 전병선 이사장이 2002년 5월 이사장 선거 전에 택시정보화사업에 참여하지 않은 콜 서비스 업체와 통신관련 업체 등 2곳으로부터 선거자금 명목으로 각각 5천만 원과 2천만 원을 빌렸다가 당선 후 변제한 사실이 확인돼 논란이 일고 있다. 이에 대해 전병선 이사장은 "개인적으로 선거자금이 필요해 잠시 빌렸다가 돌려줬을 뿐 이권이나 택시정보화사업 중단과는 아무런 관련이 없다"고 주장했다.

(손영신 기자)

Chapter 4

개인택시와
함께 한
나의 50년
인생

대한민국 개인택시는
아주 열악한 조건에서 출발하였다.
초창기 택시업계는
택시회사가 차주를 거느리고
차주가 영업을 하는
지입 제도로 운영되었다.
그러나 택시회사가 '갑' 이고
지입 차주는 '을' 인
불평등한 관계로 시작되었다.

1

택시회사 사장이 되겠다는 부푼 꿈

저는 1963년에 진주농림고등학교를 졸업한 후 같은 해 7월에 육군에 입대하여 수송병과로 근무하였습니다.

성실히 군 생활을 마치고 1966년 제대와 동시에 군수기지사령부 4급(지금의 7급 공무원) 군무원 시험에 합격하였습니다.

부산에서 남동생과 같이 자취생활을 시작하였던 그 당시 월급은 고작 7천여 원에 불과하였습니다.

그 당시 누구나 가난하고 힘들던 시대였고 저 역시 마찬가지였습니다. 그래도 새파란 청춘이었기에 앞날에 대한 꿈과 열심히 살아보겠다는 희망이 창창하던 시절이었습니다.

한국산업은탑훈장을 수여한 저자.

노력하면 언젠가는 성공하리라

약 2년간 군무원으로 근무하던 중 동생이 취직을 하고자 운전면허를 취득하게 되었습니다. 마침 저도 보통운전면허를 소지하고 있었는데, 가난을 떨쳐내고 돈을 벌고 성공하려면 도저히 군무원 월급으로는 어렵겠다고 생각하였습니다.

그래서 이참에 빚을 내서라도 택시 1대를 구매하여 동생과 둘이서 직접 운전하면서 열심히 노력하면 언젠가 택시회사 사장이 되어 성공할 수 있을 것이라는 큰 희망을 품게 되었습니다.

그리하여 군무원을 퇴직한 저는 1년 전에 등록된 코로나 택시 1대를 60만 원에 구매하였습니다. 1968년도였던 당시 돈 60만 원이면 시골의 논 20마지기에 해당하는 비용이었습니다. 그동안 저축한 돈을 남김없이 모으고 고향에 있는 부모형제들로부터 어렵게 도움을 받아 소중한 첫 택시를 장만하였습니다.

이것이 저의 파란만장한 택시인생 50년 운명의 시작입니다. 그리고 앞으로 하고자 하는 이야기는 저의 삶을 통해 몸소 체험한 우리나라 택시 발전의 생생한 역사의 현장입니다.

운수업을 하려면
'운수'가 좋아야 한다고?

당시 모든 택시는 택시회사 명의로 등록된 지입 택시(회사와 택시 차주가 수·위탁)였습니다. 택시회사 사장은 적정 대수의 택시사업 면허만 있으면 지입 차주를 모집하여 차주가 택시를 구매하고, 회사 상호로 등록하여, 차주들이 영업을 하고 택시회사에는 소정의 금액(지입료 등)을 납부하는 형태로 운영되었습니다. 저도 이 같은 지입 택시의 차주가 된 것입니다.

그런데 지입 택시의 차주가 된 직후부터 여러 가지로 불공평하고 부당한 관행들이 있다는 것을 알게 되었습니다.

그중 하나가 각종 보험료나 세금을 많이 내는데 정작 차주들이 받을 수 있는 혜택은 거의 없었다는 점입니다.

1968년 당시 우리나라의 자동차보험사는 한국자동차보험사 1개밖에 없었습니다. 책임보험은 등급별로 부분보상밖에 되지 않았고, 이것도 경찰에 교통사고 신고가 되어야 보험사 접수가 되었기 때문에 자동차보험은 지입 차주들에게 별로 도움이 되지 않았습니다.

온갖 세금은 다 내고 혜택은 못 받고

왜냐하면 당시는 인명피해 사고가 3주 이상 진단이 되면 운전자가 대부분 구속되었기 때문입니다. 운전자는 처벌이 두려워 경찰서에나 보험사에 신고를 하지 않았고, 지입 차주나 운전기사가 피해자 치료비를 물고 합의를 해야 했기 때문에 보험의 보상이라는 것이 의미가 없었습니다. 그러다 보니 당시 택시사업은 사고가 나면 망하고 요행으로 사고가 없어야 돈 번다는 뜻으로 '운수' 가 좋아야 하는 사업이라는 말이 있을 정도로 불안정한 사업이었습니다.

설상가상으로 택시회사는 '갑' 이고 차주들은 '을' 의 위치였습니다. 택시회사는 통행세, 영업세, 소득세, 갑근세 등 각종 세금과 온갖 종류의 부담금을 명세서도 없이 총액만 알려주고 징수하고 있었습니다. 명세서가 없어도 항의 한 마디 할 수 없었습니다.

이 같은 환경에서 택시 지입 차주들은 성공은커녕 대부분 망할 수밖에 없다는 실태를 저는 수년이 지난 뒤에 알게 되었습니다.

불공평한 관행을 깨고
정당한 권리를 요구하기 위해서는
직접 나서서 목소리를 높여야 한다고
확신하였다.
그래서 그동안 쌓이고 쌓인
불만에 대하여 최초로 항의하였지만
그것은 '계란으로 바위치기' 나
다름없었다.

불합리한 제도에
차주들의 불만이 폭발

그러던 중 지입 차주들의 불만이 폭발할 수밖에 없는 일이 일어났습니다. 1973년도에 2만원 하던 지입료에서 9,000원을 일방적으로 더 인상한 것입니다.

이 소식을 알게 된 지입 차주들은 그간의 부조리에 대한 불만사항을 전달해야 한다고 뜻을 모았습니다. 그래서 서로서로 연락을 수백 명의 차주들이 모였습니다.

저도 친구와 같이 택시조합으로 가서 이 목소리를 모으는 데 동참하였습니다. 그런데 차주들은 조합이사장 등 간부를 만나자고 외쳤지만 조합 임원들은 한 명도 나타나지 않고 하루 해가 저물고 있었습니다. 아무도 나타나지 않자 일부 차주들은 한두 명씩 떠나기 시작하였습니다.

저는 용기를 내서 택시조합 사무실 책상에 올라서서 차주들에게 외쳤습니다.

"우리 차주들이 그간 쌓였던 화를 참다못해 어렵게 모였지 않습니까! 그런데 아무 대책도 없이 흩어지면 다시 모이기 어렵습니다. 우리의 정당한 요구를 관철시키려면 각 구청 별로 조직을 만들고 대표자를 선출하여 대표자들에게 협상 권한을 줍시다!"

불합리한 요구에 처음으로 목소리를 내다

저의 제안에 차주들은 기다렸다는 뜻이 모두 동의하였습니다. 그리하여 당시 7개 각 구청 별로 대표자 1명씩을 선출하고 이때 저는 동래구 대표로 선출되었습니다.

그 후 각 구 지입 차주 대표들은 차주들에게 택시조합 측과 회의를 개최하자고 요구를 하면서 택시조합 측과 합의될 때까지 인상된 지입료를 납부하지 못하도록 홍보를 계속하였습니다.

그 결과 택시조합 측의 주선으로 조합 이사장을 비롯한 임원들과 지입차주 대표 7명이 회의를 갖게 되었다면서 남포동에 있는 식당에서 간담회가 개최되었습니다. 조합측은 지입료 9,000원 인상이 불가피하다는 내용을 설명하였습니다.

그러나 동래구 대표인 저와 동구 대표는 이렇게 반박하였습니다.

"수-위탁자 간에 합의로 결정되어야 할 사안을 지입료를 받을 택시조합이 일방적으로 인상한 것은 무효입니다."

그리고 그보다 더 중요한 것은 그간 택시회사들이 지입차주들에게 매월 부당한 금액을 명세서도 없이 징수하고 있는 점임을 강조하면서, "그간 지입료와 같이 부과하였던 각종 부과금 명세 내용을 설명하라"고 주장하였습니다.

이 같은 주장이 나오자 택시조합 임원들은 "오늘 회의 의제는 지입료에 관한 내용인데 쓸데 없는 질문을 한다"면서 일방적으로 회의를 중단해 버리는 것이었습니다.

옳은 말 한 마디 했다가
따돌림을 당하고

　첫 회의가 끝난 뒤 얼마 후에 택시조합 전무가 저를 비롯한 차주 대표들을 찾아다니면서 벌꿀1통씩을 전달하고 지입료 인상에 협조해달라는 간곡한 부탁을 하였습니다. 그런 후 어느 날 택시조합에서 택시조합 임원과 차주 대표 회의가 남포동 소재 00호텔에서 12시에 개최될 거라는 통보를 받았습니다.

　그러나 통보받은 장소에 갔을 때는 놀랍게도 아무도 없었습니다. 그곳에는 동구 대표만 와 있고 택시조합 임원이나 다른 구 차주대표들은 아무도 오지 않았던 것입니다. 택시조합에 전화해 보았지만 토요일이라 전화를 받지 않았고, 지금처럼 핸드폰이 있는 시대도 아니어서 연락할 방법이 없었습니다.

　저와 동구 대표는 심상치 않은 분위기에서 직감적으로 눈치를 챌 수 있었습니다. 첫 회의 때에 그들이 불편해하는 문제를 제기하였다는 이유로 우리 두 사람을 계획적으로 따돌렸다는 것을 말입니다.

돌아오는 길에 혹시나 하고 다른 00호텔에 들러 그들이 있는지 살펴보았더니 아니나 다를까 호텔 라운지에 택시조합 임원과 다른 차주 대표들이 둘러앉아 회의를 벌써 끝내고 자기들끼리 건배를 하고 있었습니다.

말도 안 되는 방법으로 지입료 인상을 강행

자기들끼리 회의를 한 결과, 지입료 9,000원 인상은 원안대로 인정하기로 합의하였다는 것입니다. 그러면서 그들은 뒤늦게 도착한 저와 동구 대표에게 왜 이렇게 늦었느냐며 시침을 뚝 뗐습니다.

고의적으로 장소를 다른 곳으로 알려주고 따돌림까지 한 이들의 처신에 분노하지 않을 수 없었습니다. 그러나 저와 동구 대표는 너무나도 어이가 없었지만 할 수 있는 일이 없어 그냥 나오는 수밖에 없었습니다.

지난 5년 가까이 동생과 둘이서 직접 택시를 운전하면서 열심히 노력하였음에 불구하고 택시회사들의 횡포와 오래 된 부조리 때문에 허송세월을 보낸 것에 대해 더 이상 참을 수 없었습니다. 나이가

한창 젊기도 하였고 평소에 불의를 보면 참지 못하는 성격도 있었지만, 많은 지입 차주들에게 피해를 주고 있는 택시업계의 부조리를 척결하고 우리나라 운수업계에 밝은 등불을 켤 수만 있다면 사나이로서 이 세상에 태어난 큰 보람이 되겠다는 공명심이 발동하였습니다.

그래서 어떤 난관과 어려움이 있어도 반드시 운수업계의 부조리를 청산해보겠다는 각오를 다졌습니다.

5

운수업계의 뿌리 깊은 부조리 척결을 다짐

그때부터 저는 그간 알고 지내던 지입 차주들을 만나 운수 부조리의 실태를 설명하고 이번 택시조합의 비열한 행태를 설명하였습니다. 그리고 구청별 차주 대표를 맡아줄 것을 부탁하는 방법으로 조직을 정비하였습니다.

당시 저는 거제동에 있는 2층집의 방 한 칸에 월세 3천 원에 세들어 살고 있었습니다. 운수업계 부조리를 척결하기 위한 활동을 해야 했지만 처자식을 먹여 살리려면 눈앞이 깜깜한 어려운 상황이었습니다.

그런데 하늘이 도운 것처럼, 마침 외항선원 생활을 하는 고향 선배의 도움으로 번호계에서 끝번의 순번을 탈 수 있게 되었습니다. 번호계 끝번은 금액 전부를 수령할 수 있었는데 그때 그 돈이 100만 원이었습니다. 당시 100만 원이면 양옥집 한 채를 살 수 있는 엄청난 금액이었습니다. 지금 50대의 나이가 된 제 아들 녀석이 두 살일 때 그 돈을 수령했는데, 행여나 잃어버릴까봐 시장에서 사온 큰 가방에 돈 뭉치를 넣어서 덜덜 떨면서 집에 갖고 왔던 기억이 납니다.

저는 택시 운전은 다른 사람에게 맡기고 이 돈을 비용으로 사용하더라도 반드시 택시업계에 밝은 등을 켜고 말 것이라는 남다른 각오와 준비를 하였습니다.

큰 일에는 희생이 따른다

때마침 차주 중에 고등학교 선배가 있었는데, 진주농대 학생회 회장을 하였던 카리스마 넘치는 선배였습니다. 그는 당시 통영에서 어구 생산 공장을 운영해 많은 돈을 벌고 이제는 택시 사업을 해보겠다고 지입 택시 5대를 보유하고 있었습니다.

당시는 자가용이 귀한 때였기 때문에 기동력이 매우 중요한데, 그 선배는 지입 택시 5대가 모두 새 택시였기 매일 비번차가 있어 기동력을 갖추었습니다. 그리고 1973년 당시에는 보통 가정에는 전화가 거의 없었는데 다행히 제가 세 들어 사는 집에는 전화도 있었기 때문에 모든 준비가 완벽하게 갖추어진 것입니다.

저는 택시조합이 일부 차주 대표를 계획적으로 배제시키고 동조하는 일부 어용 차주들과 지입료 9,000원 인상을 동의한다는 결정은 무효라고 선언하고, 택시회사가 지입 차주들을 대상으로 저지르고 있는 부조리와 비리를 반드시 척결하고 말겠다는 선언을 하였습니다.

6 하늘은 스스로 돕는 자를 돕는다

그 시절 저는 미친 듯이 혼신을 다해 택시회사의 여러 부조리와 비리를 찾아내기 위해 새벽 4시에 일어나 밤 12시까지 쉬지 않고 뛰어다녔습니다.

참으로 감사하게도 '하늘은 스스로 돕는 자를 돕는다' 는 말처럼 많은 분들이 저의 뜻에 동참하며 도움을 주었습니다.

택시회사 간부 직원의 제보도 받고, 당시 부산에 3대밖에 없던 개인택시 사업자가 조합으로부터 받은 비밀문서를 제공해주기도 했으며, 많은 차주들과 대화하는 과정에서 택시회사들의 수많은 횡포와 비리를 속속들이 캐낼 수 있었습니다.

수많은 명분으로 차주들의 착복

당시 1년간 혼신의 노력으로 밝혀낸 택시회사들의 비리의 내용은
다음과 같았습니다.

첫째, 택시회사들이 갑근세 원천징수자로서 지입택시 1대당 갑근
세 명목으로 차주들에게 매월 2,500원씩 징수하여 착복하고 있었습
니다.

둘째, 1973년 대통령 긴급조치 제4호는 영세사업자들에게 1년간
소득세 면세 조치를 하였는데, 택시회사들은 면세된 1년분 소득세를
명세서 없이 징수하여 착복하였습니다.

셋째, 지입 택시는 대부분 차주 본인이 직접 운전하고 있었기 때문
에 교통사고가 발생하면 경찰서에 신고하지 않고 차주나 운전기사
가 치료비와 합의금을 부담하는 일이 다반사였습니다. 그런데 지입
차주들이 사고 처리를 직접 하고 나면 택시회사들은 차주에게 치료
비 명세서와 합의서를 받아 회사 명의로 가입된 보험사에서 보상금
을 받아 차주들에게는 돌려주지 않고 모두 착복하고 있었습니다.

넷째, 택시회사는 보유 택시의 영업이 끝나면 회사 직영 차고에 일괄 입고해야 했는데, 이때 입고 증거를 만든다면서 주차비를 착복하였습니다.

그 외에도 6개월 후에 납입할 보험금을 미리 선납 받아 회사가 활용하는 등 온갖 부조리와 비리가 만연되어 있었습니다. 택시회사는 각종 부당한 부과금을 받아내는 수단으로 부산시가 발행하는 운행증을 받아 각 회사에 나누어주고 각종 사납금을 명세서도 없이 징수해 왔던 것입니다.

처자식과 월세 단칸방에 살며
봉지쌀 사먹는 어려운 형편이었지만
2년 동안 발바닥에 땀이 나도록
밤낮없이 뛰어다닌 끝에
부당하게 징수하던 금액을 환불 받고
택시업계의 잘못된 부조리를 척결하는
최초의 전환점을 마련하였다.
그때의 미친 듯한 노력의 시간들은
내 삶의 긍지와 보람이다.

어두운 비리를 낱낱이 밝히다

택시업계에 만연한 여러 부조리를 해결하기 위해 저는 다음과 같은 노력을 하였습니다.

첫째, 지금까지 밝혀진 비리와 부조리 내용을 지입 차주들에게 구체적이고 정확하게 홍보하기로 하였습니다. 특히 지입료는 위탁자(회사)와 수탁자(지입 차주) 간에 합의로 결정되어야 하는데 그동안 조합이 일방적으로 결정해 온 것은 불법이라는 점을 차주들에 알리고, 일방적으로 인상한 지입료는 불법이기 때문에 납부하지 않아도 된다는 사실을 홍보하였습니다.

둘째, 그간 택시회사들이 지입 차주들에게 부당하게 징수해온 운수 부조리를 낱낱이 공개하고, 택시회사가 부당하게 받아간 돈을 되돌려 받을 수 있도록 최선을 다하기로 하였습니다. 특히 명세서 없이 부과하는 금액은 납부하지 않아도 된다는 점을 알렸습니다.

셋째, 차주들이 택시회사에 부과금을 납부하고 다음 달 운행증을 찾으러 갈 때는 반드시 매월 마지막 날 오후 2시부터 5시 사이에 해당 회사 지입 차주가 동시에 가야 부당한 대우를 받지 않는다는 점을 홍보하였습니다.

넷째, 그동안 택시회사들은 부산시가 발행하는 택시운행증을 무기로 각종 부과금을 착취하였지만, 시청 담당자에게 이를 설명하고, 이제는 차주들이 인정하는 부담금 납부 영수증만 있으면 단속을 하지 않겠다는 약속을 받았습니다.

여러 번의 유혹과 협박을 견디며

이러한 홍보활동을 하자 조합이 가만히 있을 리 없었습니다. 극소수의 차주들이 선동을 일삼고 있다며 매도했지만, 저를 비롯한 수백 명의 차주들은 각종 부조리의 증거를 제공하고 힘을 합치며, 택시회사의 횡포를 부산시에 계속 알렸습니다.

이 과정에서 택시조합의 임원이 거금으로 저를 유혹하기도 하고, 경찰을 동원하여 회유와 협박을 반복하기도 하였습니다. 심지어 월 남과 크메르가 공산화되는 엄중한 시기에 사회 혼란을 야기하는 행위를 한다면서 엄중한 조치를 할 것이라는 부산시의 경고장도 두 번이나 받았습니다.

그러나 저의 의지는 변함이 없었습니다. 만에 하나 구속이 되더라도 법정에서 택시업계 부조리 해결을 외칠 각오가 되어 있으며, 약자의 이익을 대변하고 약자 편에서 노력할 것을 다짐해 왔습니다.

변화는 쉽지 않지만

이렇게 2년 가까이 노력한 끝에 결국 큰 성과를 얻어냈습니다.

택시회사들은 그간 부당하게 징수하였던 금액은 차주들에게 환불하고, 부산시는 택시회사가 일방적으로 인상하였던 지입료를 일부 인하하라는 행정 명령을 내렸습니다. 지입 차주들에게 부과되는 부담금도 반드시 명세서가 있는 총액을 부과하게 되었고, 이후부터는 지입료 인상은 반드시 차주들의 동의를 받는 절차가 시행되었습니다. 이로써 택시업계의 오래 묵은 부조리와 비리가 척결되기 시작하는 쾌거를 얻었습니다.

그 결과 택시회사의 수입이 크게 줄었고, 택시 1대 당 T/O값도 90만 원에서 30만 원으로 1/3이나 하락하는 큰 변화가 있었습니다. 그리고 그간 지지부진하던 택시 직영화도 본격적으로 시작되었습니다. 택시 부조리가 청산되면서 택시 사업자들이 자발적으로 택시 직영화를 서두르게 되었던 것입니다. 요즘 식으로 표현하면 택시의 기업화가 시작된 계기가 되었습니다.

운수업계 최초의 새로운 전환점 마련

당시 개인적으로는 참으로 힘들었습니다. 3,000원짜리 월세 단칸방에 어린 자녀 4명과 아내와 여섯 식구가 하루하루 봉지쌀을 사서 먹던 처지였습니다. 2년 가까이 가장이 돈 한 푼 벌지 않고 직접 소득도 없는 일에 미쳐 있으니 저를 보는 가족들의 안타까움과 불만이 얼마나 컸겠습니까? 지금도 생각하면 눈물이 납니다.

하지만 그때의 미친 듯한 노력은 제 삶의 긍지와 보람이 되었습니다. 경제적으로는 잃은 것이 더 많지만, 오히려 얻은 것이 더 컸다고 지금도 생각합니다.

"변화와 역사는 별난 사람이 만든다."는 말을 저는 실감하였습니다.

그 전까지 우리나라 운수업계는 불공평한 지입 제도가 대세를 이루고 있었음에도 제도 개선을 못하고 있었습니다. 하지만 제 한 몸 바쳐 혼신의 노력을 기울인 지입택시 부조리 척결 운동이 전국에서 최초로 성공하면서 전국 운수업계의 새로운 역사적 전환점이 되었다고 감히 생각합니다.

택시사업에 있어서 면허자 본인만이
직접 운전을 해야만 한다는 제도는
관련된 여러 법들과 충돌되기 때문에
모순되고 잘못된 제도이다.
이것이 잘못된 규정임을 1970년대
이미 직감하고 있었다.
그러나 이 규정은 21세기가 된
지금까지 남아
택시업계 전체의 발전을
가로막는 장애물이 되고 있다.

9

잘못된 제도는 발전을 가로 막는다

1975년 부산 수영공항이 경남 김해로 이전하여 김해공항을 개항하면서 김해공항을 사업구역으로 개인택시 50대를 신규면허 하였습니다.

당시 김해공항 개인택시 사업자는 경남 전역에서 거주하는 분들이 대다수였지만 사업구역이 김해공항으로 한정되어 사업도 잘안 되고 불편이 많아 개인택시사업 면허를 양도하는 사람이 많았습니다.

이제 택시사업은 택시사업 면허 없이는 불가능하다는 사실을 저는 누구보다 잘 알고 있었습니다. 그래서 저는 부산 지입택시를 매도하고, 김해공항을 사업구역으로 하는 개인택시 50대 중 1대를 1976년에 구매하였습니다. 그리고 김해공항 택시 50대의 차주들이 운영하는 운영위원회에도 가입하였습니다.

한산한 김해공항 안에서만 50대가 영업을 하라고?

그런데 문제는 김해공항 개인택시는 사업구역이 김해공항으로만 한정되어 있었다는 점입니다.

지금이야 비행기 타는 일이 흔하지만 당시는 해외는 물론 국내에서도 비행기를 타는 사람은 많지 않았습니다. 비행기 편수 자체가 적다 보니 당연히 김해공항에서 택시를 이용하는 승객도 그 숫자는 아주 적었습니다.

그런데 50대나 되는 개인택시가 사람도 많지 않은 김해공항에서만 영업을 해야 한다고 생각해보십시오! 사실상 기본 생계비조차 벌기 힘든 상황이었습니다.

그러다 보니 부득이하게 공항 밖으로 나가 부산이나 김해시에서 영업을 하는 사례가 많아졌습니다. 물론 그것은 불법이었습니다.

게다가 그 당시 개인택시 사업자들 중에는 양도를 하고 면허를 취득하여 명의자가 아닌 사람이 운전을 하는 경우가 대부분이었습니다. 원 면허자는 양도하고 양수한 자가 명의 변경을 하지 않고 개인택시를 운전하고 있었습니다.

오늘날까지 악영향을 끼치고 있는 이상한 제도

그러다 보니 경상남도와 김해시에서 사업구역 위반과 불법 대리
운전으로 적발되거나 고발되는 사례가 점점 늘어만 갔습니다. 불법
대리운전과 사업구역 위반은 모두 '운행 정지' 라는 처벌을 받았기
때문에 차주가 입는 피해가 이만저만이 아니었습니다.

저는 그때부터 개인택시 사업 면허 조건 중 '본인이 직접 운전하여
야 한다' 라는 것은 문제가 있다고 생각했습니다. 우리나라뿐만 아니
라 전 세계의 모든 차량은 그 차종을 운전할 수 있는 운전면허 자격
만 있으면 운전할 수 있도록 도로교통법을 비롯하여 관련 모든 법이
제정되어 있습니다. 그런데 택시사업 면허권자가 직접 운전을 해야
만 한다는 제도는 관련법과 충돌되기 때문에 잘못된 제도라는 것을
직감하였습니다.

저는 잘못된 제도는 곧 바로잡힐 것으로 믿었습니다. 안 되면 나라
도 노력하여 시정할 수 있다고 생각하였던 것입니다.

그러나 오래 전에 만들어진 이 규정이 지금까지도 택시업계의 발
전을 막고 있으니 참으로 기막히고 안타까운 현실입니다.

10 이상한 낌새, 그리고 밝혀진 유착관계

김해공항에서만 영업하면 생계가 어렵기 때문에 사업구역을 위반하는 사례가 많았지만, 일반 시민들은 개인택시 면허조건에 대해 잘 알지 못하기 때문에 대리운전이나 사업구역 위반으로 고발하는 사례는 별로 없었습니다.

그런데 이상하게도 점점 단속과 고발되는 사례가 점점 많아지고 건당 해결하는 비용도 증가하는 현상이 벌어졌습니다. 심지어 경남과 부산을 잇는 구포다리에서 가끔 김해시 공무원이 상주하면서 김해공항 택시만 집중적으로 단속하기도 하였습니다.

당시 공항택시 사업자 50명은 매월 회비를 2만 원씩이나 냈습니다. 이 회비로 사무실을 운영하고 남자 직원 1명과 여직원 1명이 업무를 보았습니다. 상무라는 직함을 단 남자 직원은 고발이나 단속된 사건을 해결하거나 교통사고 수습 같은 일이 주된 업무였습니다.

그런데 참 신기한 일이 있었습니다. 이 직원에게만 부탁하면 각종 사건이나 사고가 100퍼센트 해결되는 것이 아니겠습니까! 경상남도 건 김해시건 모든 문제가 해결되었습니다.

그래서 공항택시 사업자 50명은 이 직원을 신주단지처럼 모시지 않을 수 없었습니다. 단속되는 대수가 점점 늘어나도 여전히 상무에 게만 부탁하면 100퍼센트 해결되니 뭔가 의심스럽지 않을 수 없었습니다.

영세하고 순박한 차주들과 착취 세력

뭔가 이상한 낌새를 눈치 챈 저는 순진하고 영세한 김해공항 택시 차주들을 괴롭히고 못된 짓을 하는 자가 생겼다고 짐작했습니다.

그래서 단속 과정에 대해 알아보았더니, 아니나 다를까 김해시의 담당공무원과 공항택시 직원 사이에서 서로 짜고 치는 유착관계가 있었던 것입니다. 이 사실을 인지한 저는 먼저 김해시 공모 직원을 만나 확인된 내용을 말해주고 더 이상 그런 짓을 하지 않겠다는 약속 을 받았습니다.

그리고 공항 개인택시 운영위원회를 소집하여 회원들의 뒤통수를

처온 직원을 퇴출하자고 제안하였으나, 회원들은 혹시 모를 보복도 두렵고 그간의 인연을 고려하여 용서를 하자는 의견도 있었습니다. 그러나 저는 한번 검은 놈은 영원히 그 버릇을 남 주지 않는다면서 끝까지 설득하여 퇴직시켰습니다.

그 직원의 해임으로 인해 자리가 비었기 때문에, 그 사람이 하던 총무 겸 각종 업무를 제가 하겠노라고 자청하고, 무급으로 각종 민원 업무를 하기로 하였습니다.

또한 경상남도 운수관계기관을 찾아가 김해공항 택시의 어려운 현실을 설명하고 대책 강구를 계속 요구하였습니다.

낡은 집은 새 집으로 이사 갈 수 있는 기회

제가 업무를 담당하면서부터 종전에 자주 있던 단속은 사라졌습니다. 저는 공항택시 차주들에게 이렇게 위로를 하였습니다.

"현재 김해공항 개인택시는 우리나라에서 가장 사업 조건이 좋지 않습니다. 그러나 가장 낡은 집이 가장 새 집으로 이사 갈 1순위에 있는 것 아니겠습니까? 우리들의 노력 여하에 따라 가장 좋은 조건으로 만들 수 있습니다. 그러니 희망을 가지십시오!"

그런데 이때 '지성이면 감천' 이라는 말처럼 천우신조가 생겼습니다. 정부의 행정구역 개편 사업으로 인해 김해공항 일대가 부산시로 편입되고, 김해공항 개인택시는 경상남도 내의 어느 시군이든 차주가 원하는 곳으로 보낸다는 방침을 정한 것입니다. 이때 저는 울산시를 선택하였습니다.

부산시에서는 1977년 처음으로
개인택시 면허 정책이 시행되어
신규 개인택시 사업자들이 탄생하였다.
그러나 2개월 분납으로 내도 될
종합보험금 6개월분을
한꺼번에 내라는 요구를 하였다.
제도를 알고 따지지 않았더라면
새 출발을 한 개인택시 사업자들이
꼼짝 없이 손해를 보았을 것이다.

보험료를 한꺼번에 내라고 한
진짜 이유는?

부산시는 개인택시 면허 확대 정책을 시작하면서 1977년 상반기에 1차로 106대의 개인택시 면허 계획을 발표하였습니다.

사업용 자동차 운전 3년 이상 무사고 운전경력자 4,000명을 신청받아 당첨된 106명에게 개인택시 사업자 면허를 발급하였습니다. 저는 이때는 탈락하였지만, 같은 해 하반기에 2차로 면허 공고를 하였을 때는 7 : 1의 경쟁률을 뚫고 당첨이 되었습니다.

그리하여 1977년 9월 6일 자로 저는 부산개인택시 사업면허를 취득하였습니다.

그 당시 1차로 개인택시 사업면허를 먼저 받은 106명의 선배들은 부산개인택시사업조합을 설립하고 이사장과 임원을 선출하여 조합의 면모를 갖추고 있었습니다. 그리고 198명의 후배들이 사업 발대식을 할 수 있도록 여러 가지 업무를 돕고 있었습니다.

1977년 부산시의 첫 개인택시 면허 정책

당시 초대 조합 이사장이 198명의 개인택시 면허 사업자들에게 사업개시 준비 내용을 설명하였는데, 그 중에는 자동차 종합보험 가입에 관한 안내도 있었습니다.

개인택시 사업자들은 영업 개시 전에 면허 조건으로 자동차 종합보험에 가입하도록 되어 있기 때문에 종합보험금 6개월분 366,500원을 납부해야 한다고 안내하였습니다.

"6개월분을 한꺼번에 납부하라고? 이게 말이 되는가?"

저는 신규 개인택시 사업자 196명을 대표해서 이렇게 건의를 하였습니다.

"택시 종합보험은 2개월씩 분할 납입하는 제도가 있는 것으로 알고 있습니다. 그런데 이제 막 면허를 받고 자동차도 새로 구입해야 하는 신규 사업자들은 6개월분을 한꺼번에 납부하는 것이 대단히 부담스럽습니다. 그러니 보험금을 2개월씩 분할 납입할 수 있게 해주시길 부탁드립니다."

하지만 조합 이사장은 우리들의 이 부탁을 들어주지 않았습니다. 분할 납입제도 같은 건 없다면서 전액 납입을 하지 않으면 안 된다는 것입니다.

저는 한국 자동차 보험회사 부산 지점에서 확인을 해보기 위해 보험사로 갔습니다. 보험사 지점장실에 갔더니 지점장도 이사장과 같은 말을 하는 것이었습니다. 엄연히 2개월 분할 납입을 할 수 있는 제도가 있고, 제가 김해공항에 있을 때도 분명히 그렇게 했었는데 안 된다고 주장하니 저는 기가 막혔습니다.

아는 만큼 힘이 된다

저는 너무 황당해서 김해공항 개인택시를 운영하면서 개인택시 조합보험료를 분할 납입한 영수증과 약관을 가지고 지점장실에 가서 따졌습니다.

"이 영수증을 보시오! 2개월씩 분할 납입한 증거가 여기 있소!"

그 영수증을 본 지점장은 그제야 미안하다고 사과를 하면서 2차 면허자 198명 모두 2개월씩 분할 납입할 수 있게 해주었습니다.

왜 분할 납입을 할 수 있는데 안 된다고 한 것일까요?

그 이유는 뒤늦게 드러났습니다. 보험 금액의 7퍼센트에 해당하는 알선 수수료를 챙기기 위해서였습니다. 그 돈이 약 500만 원에 이르렀습니다. 당시 여직원 한 달 급여가 약 5만 원 할 때였으니까, 500만

원이란 돈은 지금 시세로 거의 1억 원이 넘는 거금이었습니다.

참고로 1977년도는 부산개인택시 면허가 처음이고, 대인 무한보험 제도는 그 전년도인 1976년에 시행되었습니다. 만약 제가 김해공항 개인택시 50대를 무한보험에 가입시킨 증거가 없었다면 198명은 꼼짝없이 속은 채 보험료를 한꺼번에 납입하고, 그에 따른 수수료는 엉뚱한 사람들의 손에 들어갔을 것입니다.

순진한 영세 개인택시를
착취하는 세력

이윽고 저는 부산 개인택시 사업조합에 가입을 하였습니다. 조합원은 1차 106명과 2차 198명을 포함해 총 304명이고 개인택시 한 대당 조합비는 5,000원이었습니다.

그런데 조합에는 조합직원 외에도 10여 명의 여직원이 있었습니다. '왜 이렇게 직원이 많을까?' 의아했던 저는 이 직원들은 무슨 일을 하는 사람들이냐고 물어보았습니다. 그랬더니 운행 수입 내역의 장부를 작성하는 일을 하는 직원들이라는 것입니다. 1976년도 상반기부터 인정 과세 제도가 없어지고 거래장부에 의해서 과세되는 부가가치세 제도 시행에 따라 부산 개인택시 조합에서도 304대의 운행 수입 내역을 기록한다는 명분이었습니다.

저는 이 설명을 듣고 아연실색하였습니다. 왜냐하면 저는 1976년도 부가가치세 시행 직전에 김해공항 개인택시 50대를 대표하여 국세청에서 납세자 교육을 이수했었기 때문입니다.

그때 교육받은 내용에 의하면, 부가가치세 제도를 시행하면서 영수증을 발행하는 모든 거래는 근거(장부)를 남기고 그 근거에 따라 과세하는 제도가 부가가치세 원칙이라고 했습니다. 다만 행상이나 택시는 영수증 발급이 되지 않았기 때문에 일정률에 따라 과세를 한다고 했습니다. 따라서 개인택시는 장부를 할 필요가 없고 국세청의 일정률을 기준으로 과세를 하면 되는 것이었습니다.

주먹구구식으로 작성한 허위 장부

저는 제가 정식 교육받은 내용을 조합 이사장에게 상세히 설명하면서, "지금 하고 있는 것은 전혀 필요가 없는 허위 장부 기록이고 소용없는 짓"이라고 이야기하였습니다. 심지어 개인택시 1대의 장부기록 대금으로 매월 5,000원씩 지불하는 돈은 부과되는 세금보다도 많은 돈을 지불하는 것이라고 설명했습니다. 그러나 이사장은 저의 말에 전혀 귀를 기울이지 않았습니다.

각 차량 별로 장부에 무엇을 기록하는지 살펴보았더니 더더욱 기가 막혔습니다! 장부 작성하는 사람이 '어디에서 어디까지 택시요금 얼마'를 그냥 적당히 기록하는 것이 아니겠습니까? 모두 허위 기록을 하였습니다!

더 경악할 일은 이것이 비단 부산 개인택시 조합에서만 일어나는 일이 아니라는 사실이었습니다. 전국 각 시도의 개인택시 조합 모두에서 이와 같은 일이 관행이 되어 있었습니다. 저는 기가 막혔지만, 조합 측은 오히려 저를 바보 취급하였습니다. 장부를 하지 않으면 세금이 얼마나 나올지 모른다는 것이었습니다.

지입 차주를 할 때나 김해공항 개인택시를 할 때나 부산 개인택시 사업을 할 때나 비슷한 일들이 계속 일어나고 있었습니다. 어디든 영세 택시 차주들이 있는 곳에는 반드시 착취하는 세력이 따라다니고 있었던 것입니다.

이런 것들이 바로 초창기 개인택시 사업자들이 겪었던 부당한 현실이었습니다.

Chapter 5

부산개인택시
조합의
파란만장한
역사와 함께

합법적인 선거를 통해
조합 이사장으로 당선되었지만
반대 세력의 물밑 작업에 의해
방해공작을 받았고
결국 시장 인준을 받지 못하였다.
그 과정에서 말도 안 되는
은밀한 대가성 제안을 받기도 하고
갈 곳 없이 표류하기도 하고
권력층에게 미움을 사기도 하였다.

이사장으로 당선되고도
이사장이 되지 못한 사연

    당시 초대 조합 이사장은 1977년 말경 임기 시작한 지 6개월 만에 공금횡령 등으로 구속되었습니다. 그리고 1978년 1월에 부산 시민회관에서 부산 개인택시 조합 제 2대 이사장 선거가 조합원 304명 참석하에 직접선거로 실시되었습니다.

    진행능력 부재로 하루 종일 갑론을박을 하다가 해가 저물어서야 겨우 선거를 실시하였습니다. 조합 정관은 1차 선거 결과 과반수 득표자가 없을 경우 1, 2위자가 결선 선거를 하도록 되어있지만 참석 조합원들이 종일 점심도 거른 데다 대관 시간도 다 되었고 다음 날까지 영업을 쉬고 총회를 할 수 없기 때문에, 후보자 4명 중 1차 투표에서 과반수 득표자가 없더라도 1차 투표 결과 최다 득표자를 만장일치로 당선한 것으로 참석 조합원 전원이 의결하였습니다.

    그렇게 해서 제가 후보자 4명 중 최다 득표자가 되어 투표 전에 결의한대로 2차에서 만장일치로 이사장에 당선되었고 부이사장까지 선출하고 회의가 종료되었습니다.

선거로 당선되었지만 시장 인준을 받지 못해

그런데 낙선한 일부 후보자가 부산시에 이의를 제기하였습니다. 총회 결의는 정관을 앞설 수 없다는 것이 이유였습니다. 선거 당일 부산시 관계 공무원이 참석하여 총회의 전 과정을 지켜보았음에도 불구하고, 저의 당선 인준은 3개월 동안이나 미뤄졌습니다.

그러다 부산시장 명의로 부산개인택시조합은 스스로의 운영 능력이 없다면서 조합원 이외의 자를 이사장으로 선출하도록 하는 정관 개선 명령을 하였습니다. 정관 부칙에는 조합원 이외의 자는 부산시 운수단체 협의회에서 배수추천하면 부산시장이 임명한다는 내용을 삽입하라면서 이 개선 명령으로 저의 당선 인준을 가름한다는 내용의 공문을 보냈습니다. 그래서 저는 조합원이 선출한 선거를 통해 이사장으로 당선이 되었음에도 불구하고, 부산시장의 인준을 받지 못해 그날부터 이사장 자격을 상실하였습니다.

민주국가에서는 상상도 할 수 없는 군사정부 시절의 행정명령이었습니다.

2
은밀히 건넨 제안을 거절하다

그 후 부산시 공무원이 조합 전무를 시켜 일시 장소를 정하여 조합 정관 개정 총회를 개최하도록 하였습니다. 그런데 총회 전날 밤, 부산시 택시 담당 공무원이 뜻밖에 저에게 전화를 하여 이렇게 말하였습니다.

"그간 못 도와주어 미안합니다. 이 번호로 전화를 해 보십시오."

그러면서 전화번호를 하나 불러주었습니다. 전화를 받는 이는 부산 회사택시 사업조합 이사장이었습니다. 그는 제게 이렇게 말했습니다.

"긴밀하게 의논할 게 있으니 감천항 옆에 있는 모 별장으로 오시오."

당시 야간 통금이 있었기 때문에 아예 자고 갈 준비를 하고 오라는 것이었습니다. 저의 이사장 인준을 반대한 사람이 그일 것이라는 것을 직감하고, 다음날 개최될 총회와 관련이 있는 대화일 것으로 짐작하면서 일단 그 장소로 가 보았습니다. 이사장은 미리 준비한 맥주를 저에게 권하며 "오늘 대화는 사나이 대 사나이의 대화"라고 하면서 비밀을 유지해줄 것을 당부하였습니다.

부이사장 자리를 주겠다는 유혹을 받았지만…

그가 은밀히 건넨 이야기는 "다음날 있을 개인택시 조합 총회에서 부산시장이 명령한 조합 정관 부칙이 개정되도록 협조해달라"는 것이었습니다. 정관이 개정된 후 자신이 개인택시 조합 관선 이사장으로 지명되기로 되어 있다는 것입니다.

그러면서 이렇게 제안하였습니다.

"내가 관선 이사장이 되면 당신을 부이사장으로 지명하여 개인택시 조합 업무 전반을 맡기겠소."

저는 속으로 분개했지만 일단 아무 내색도 하지 않았습니다. 겉으로 내색은 하지 않았지만 저의 마음은 조금도 흔들리지 않았습니다. 부이사장 자리를 주겠다는 제안을 받아들일 생각은 추호도 없었던 것입니다.

다음 날 총회 장소에 도착하자 시청 운수과장이 저를 따로 부르더니 다시 한 번 협조를 바란다고 부탁하였습니다. 저를 아끼고 지지하는 많은 조합원들이 저에게 다가와 총회에서 찬성해야 되는지 반대해야 되는지를 묻고 있었지만 아무 말도 해줄 수 없었습니다.

개인택시 사업자들이
최소한의 기본적인 권리와 생존권을
지키고 살아남기 위해서는
무엇보다도 함께 뭉치고 단합하는 것만이
유일한 살 길이다.
단합을 하지 않으면 개인택시는
약한 파도에도 금세 무너지는
모래성이 되고 말 것이다.
이것은 수십 년이 흐른
21세기 대한민국의 개인택시 사업자들도
똑같이 겪고 있는 현실이다.

미운털이 박히다

마침내 부산시청 운수관계 공무원 수십 명과 관내 동부경찰서 정보과 요원 등이 지켜보는 가운데 총회가 개회되었습니다.

임시의장을 선임하고 정관 개정에 대한 찬반토론이 이어졌는데 낙선자 쪽 사람들은 찬성을 주장하고, 저를 지지했던 조합원들은 신탁통치는 안 된다면서 정관 개정을 반대한다고 주장하였습니다. 시간이 없으니 거수로 하라는 지시에 따라 거수로 표결하였는데 찬성이 약간 많았지만 2/3가 되지 못하여 부결이 되고 말았습니다.

부결이 되자 개정을 주장하던 관계자들이 당황하면서 거수 투표에 문제가 있다면서 비밀투표로 다시 하라고 하였습니다. 하지만 비밀투표에서도 과반은 넘어도 2/3는 미달하였습니다.

이같이 결론이 났는데도 조합원 일부와 관계자들은 두 번이나 과반수가 넘었기 때문에 정관 개정이 되었다고 엉터리 주장을 하였습니다. 답답해하던 운수과장이 저를 불러 가결인지 부결인지 의견을 말해보라고 하였습니다. 저는 이렇게 말했습니다.

"종다수 결정은 사람을 선출할 경우만 적용되고, 정관 개정의 경우는 2/3가 개정 규정입니다. 이에 미달되면 부결된 것입니다."

저의 견해를 들은 시청 관계자들은 모두 퇴장했습니다.

시장 명령을 거부한 개인택시 조합

다음날 부산일보와 국제신문에는 1면 톱기사에 다음과 같은 제목으로 총회 결과에 대한 기사가 대서특필되었습니다.

"부산개인택시 조합이 부산시장의 행정 개선 명령을 거부하다."

당시는 무시무시한 권위주의 시대였습니다. 말하자면 택시 사업자들 때문에 부산시장이 망신을 당한 셈이 된 것입니다. 경찰 치안국장 출신이던 당시 시장은 신문기사를 보고 노발대발하였다고 합니다.

이로 인해 부산개인택시 조합은 미운털이 박힌 채 대표도 없이 1년여 동안 표류하였습니다. 1년 후인 1979년 4월이 되어서야 부산시의 지시에 따라 다시 이사장 선거가 치러지고, 이때 제가 비로소 당선되면서 조합은 겨우 정상화될 수 있었던 것입니다.

계속 당하기만 하는 모래성이 될 것인가?

지금 생각해보면 참으로 우여곡절이 많던 시절이었습니다. 요즘 같은 시대에는 납득할 수 없는 어이없고 원시적인 일들이 일어나기도 하던 시절이었습니다. 무엇보다도 개인택시 사업자들이 수단과 방법을 가리지 않은 많은 견제를 받기 시작하였습니다.

그러나 초창기의 이런 과정들 속에서 저는 개인택시 조합원들이 제대로 살 길을 모색하기 위해서는 스스로 힘과 지식을 갖고 일어서야 한다는 것을 깨닫기 시작하였습니다.

"무엇보다 중요한 것은 택시 조합원의 단합이다! 우리의 사업권을 지키기 위해서는 단합하는 것이 생명이고 살 길이다! 그렇지 않으면 개인택시는 아주 약한 물결에도 금세 무너지는 모래성이 되고 말 것이다."

살아남으려면 단합해야 한다

이사장으로 당선된 저는 조합이란 단합이 생명이고 힘이기 때문에 개인택시 사업을 지키고 발전시키기 위해서는 조합원을 단합시키는 것이 조합의 올바른 기능이라고 판단하였습니다.

노동자 단체들이나 사업자 단체들은 동종의 사업자들끼리 조합을 결성하여 단합을 하고 단합된 힘으로 자신들의 권익과 사업을 지키고 보호합니다. 그래서 組合(조합)의 글자풀이를 해보면 모일 조(組) 자와 합할 합(合) 자로 구성되어 있습니다. 모일 조(組)는 가는 실 사(絲) 변에 그물코(且) 자로 구성되어 있고, 합(合)은 사람 인(人) 자와 한 일(一) 자와 입 구(口) 자로 구성되어 있습니다.

즉 조합이란 그물코(바늘)로 그물을 짜야 고기를 잡을 수 있다는 의미와, 입을 하나로 모은다는 뜻입니다. 고기를 잡기 위해 그물을 만들고 입을 하나로 모은다는 것은 결국 단합을 통해 힘을 만든다는 뜻이기도 합니다.

단합하지 못하면 힘도 없고 고기도 잡을 수 없습니다. 그런 것처럼 단합을 이루지 못한 조합은 존재 의미가 없는 것이나 마찬가지입니다.

조합의 존재 의미는 단합이다

이사장이 된 저는 부산개인택시를 단합시키는 일이 가장 중요하고도 유일한 의무이자 책무라고 생각하였습니다.

개인택시 사업자들은 천편일률적으로 개인택시 한 대씩을 소유하고 있기 때문에, 어떻게 보면 같은 크기의 구슬들이 유리판 위에 깔려있는 것과 같습니다. 크기가 같은 수천 수만 개의 구슬을 한 덩어리로 만들기는 참으로 어려운 일입니다. 단합을 이뤄내기가 여간해서는 참 어려운 단체였습니다. 이 같은 특수한 수평 조직을 단합시키는 방법은 무엇이 있을까요? 제가 생각하기에 단합을 위한 강력한 접착제는 바로 복지사업이라는 결론을 내렸습니다.

"복지사업을 성공시켜 협동의 의미를 인식시키고, 교육과 대화를

통하여 소통으로 공감대를 만들자. 그것이야말로 조합원들이 단합
할 수 있는 방법이다!"

개인택시 조합이 노동조합과 다른 이유는?

또 하나 중요한 것은 인식을 개선시키는 일이었습니다. 개인택시
사업자들은 택시 종사자로 오랜 기간 일한 경력이 있어 근로자 단체
인 노동조합에 오래도록 몸담아 왔기 때문에, '사업자 단체'인 개인
택시 운송사업 조합을 '노동조합'으로 인식하고 있었습니다. 저는
이와 같은 인식을 새로 바꾸어 주는 노력이 중요한 과제라고 생각했
습니다.

왜냐하면 개인택시 조합은 노동조합과는 다르기 때문입니다. 노
동조합이 근로조건, 보수, 처우 등 주로 사업주(사장)를 대상으로 협
상이나 투쟁을 하여야 한다면, 사업자 단체인 개인택시 조합은 공익
사업자들이기 때문에 이용자로부터 신뢰를 받아야 사업을 지킬 수
있다는 점에서 그 성격과 역할이 다릅니다.

무엇보다도 택시 정책이나 관련 법령이 개인택시 사업자들에게
불리하지 않도록 정부를 상대로 노력해야 하는 부분이 많기 때문에

노동조합과는 역할이 다르고 더 큰 힘이 필요한 단체입니다. 이러한 점을 조합원들에게 인식시키는 일이 당시로서는 가장 시급한 과제였습니다.

조합이 이런 과제를 해결하지 못하면 결국 개인택시는 힘을 갖지 못하고 도태될 수밖에 없다는 것이 그때의 절박한 저의 심정이었습니다.

개인택시는 탄생 초창기부터
강력한 힘의 법칙에 의해
기득권이나 마찬가지였던
법인택시의 견제를
지속적으로 받아왔다.
개인택시에 대해 가해지고 있는
각종 규제들을 이해하려면
개인택시가 어떤 이유 때문에
어떤 세력에 의해 견제를 받아왔는지
그 오랜 역사를 제대로 알아야 한다.

5

개인택시 조합원들에게 돌아간
뜻밖의 큰 혜택

개인택시 조합원의 단결을 도모할 수 있는 복지사업 구현을 위해서는 필수적으로 요람지를 마련하는 것이 과제였습니다. 그래서 저는 이사장에 취임하자마자 회관 건립 기금을 조성할 계획을 세웠습니다.

우선 과제로 규모 있는 회관(요람지)을 건립하여 그 공간에 조합원들의 복지와 이익을 위한 사업을 전개하고 넓은 강당을 갖추어 상시 교육과 토론장으로 활용하자는 큰 그림을 그리기 시작하였습니다.

제가 이사장에 취임했던 1979년 4월 당시는 698명(1977년 6월15일 1차 106대, 9월 6일 2차198대, 1978년 5월 11일 3차 394대)의 조합원이 있었습니다. 그러나 저는 사무실 전세금도 없었고, 현금은 물론 다른 자산도 전혀 없었습니다.

저는 취임하자마자 대의원 총회를 개최하여 조합 회관 건립사업계획을 승인받고, 회관 건립 기금조성 방법으로 추후 신규 개인택시 사업자와 개인택시 사업면허 양수자로부터 1인당 회관건립 기금 10만 원씩 받을 수 있도록 의결하였습니다.

그때부터 매년 적은 예산이지만 절약하여 결산 후 잔액은 전액 회관기금 조성을 하는 등 기금 조성에 혼신의 노력을 하였습니다.

조합의 첫 복리 증진사업으로 1977년 국회에서 제정된 육운 진흥법에 따라 택시조합 전국 연합회에서 교통부로부터 택시 공제사업 인가를 받았습니다.

당시 1개밖에 없던 한국 자동차보험사에서는 최소한 3년 이상 무사고 운전 경력을 가진 개인택시 책임보험금과 종합보험금을 회사 택시와 동일하게 받았습니다. 이것은 개인택시 조합원들에게는 부담스러운 일이었습니다.

공제사업 인가를 받고, 해지 보험금은 환급해주고

그래서 저는 부산개인택시 692명이라도 차별화하여 조합원들의 부담을 덜기 위해 부산시에 이 같은 불공정한 사실을 설명하고 육운 진흥법에 근거하여 공제사업 준비가 완료되었다는 설명을 하였습니다. 그리고 부산개인택시조합이 공제사업을 할 수 있도록 부산시장이 한국 자동차보험 부산 지사에 계약하고 있는 부산 개인택시 692명의 보험 해지를 요청하는 협조 공문을 보내주도록 적극 건의하였습니다.

천만다행으로 부산시는 저의 건의대로 한국 자동차보험사에 부산 개인택시 692대의 종합보험료 해지 협조 공문을 보내주었습니다.

즉시 개인택시 692명의 보험금 해지가 되자, 저는 해지한 종합보험금 중 1/7만 공제금 분담금으로 전환하고 나머지 금액은 해당 조합원들에게 돌려주었습니다. 당시 조합원들은 뜻밖의 횡재라며 환호했습니다.

이제 생각해보면 불과 몇 백만 원의 공제기금으로 698대의 무한보상책임을 하겠다는 것은 너무 위험한 일이었을지도 모릅니다. 그러나 전국에서 유일하게 부산개인택시 사업자들에게 엄청난 혜택을 줄 수 있었다는 데 대해 크나큰 자부심과 보람이 있었습니다.

6

조합의 존재 가치를 거듭 증명하다

조합 보험금액의 1/7 분담금으로 드디어 1979년 4월 1일부터 부산 개인택시 조합 공제 지부 업무를 전국에서 최초로 시작하였습니다.

저는 공제사업은 조합 단위로 독립채산으로 운영되기 때문에 조합원들이 사고만 없으면 더 분담금을 줄일 수 있다는 공제사업의 취지를 홍보하여 자동차보험의 1/7의 적은 분담금으로도 흑자를 유지할 수 있었습니다.

당시는 책임보험은 국가보험이기 때문에 공제사업에 이관되지 않았습니다. 개인택시는 최소한 사업용 차 3년, 자가용 차 6년 이상 무사고 경력자이고, 30세 이상 나이 제한도 있고 본인이 직접 운전해야 하는 조건이기 때문에 운행 시간도 회사택시에 비해 1/3밖에 되지 않습니다. 그런데 법인택시는 운전면허증을 발급받은 지 1년 이상이 된 자면 누구나 운전하고 택시 1대에 2명이 매일 24시간 영업합니다.

그런데도 개인택시와 회사택시의 책임보험금이 동일하다는 것은 문제가 있었습니다.

이렇게 잘못된 책임보험이 개인택시면허가 전국적으로 확대되기 시작한 1977년부터 1981년까지 5년 이상 경과하고 개인택시가 전국에 2만 여 대 이상이 될 때까지 지속되었습니다.

불리하게 책정된 책임보험금을 대폭 인하

부산개인택시 공제를 2년간 운영한 결과, 평균 이재율이 처음의 예측대로 회사택시에 비해 1/7 이하라는 통계를 확보하였습니다. 확보된 이재율을 근거로 정부보험인 책임보험금도 책정하라는 건의서를 한국 자동차보험회사, 보험감독원, 상공부, 국보위 등에 건의하였습니다. 한국자동차 보험사는 자신들의 보험금 지출 통계를 근거로 분석한 결과, 부산 개인택시 조합이 제출한 이재율과 동일한 사실을 확인하였습니다.

이를 적용하여 법인택시와 개인택시에게 동일하게 69,900원씩 받던 책임보험금이 다시 책정되었습니다. 그 결과 법인택시의 책임보험금은 약 23만 여 원인데 비해, 개인택시는 법인택시의 약 1/7인

32,000여 원으로 조정 책정되었습니다. 이는 부산 개인택시뿐만 아니라 전국개인택시 모두에게 차등 적용토록 제도개선 되었으니 그야말로 엄청난 쾌거였습니다.

이와 같은 결과가 저와 부산개인택시조합의 노력으로 개선되었다는 사실은 다른 시도 개인택시 사업자들은 지금까지도 잘 알지 못하고 있습니다.

이때부터 부산개인택시조합원들이 조합의 존재 가치와 역할을 이해하고 단합의 필요성을 느끼기 시작하는 계기가 되었습니다.

대한민국의 산업화가 이루어지고
경제가 성장함에 따라
전국적으로 확대된 개인택시는
깨끗하고 좋은 이미지로 인하여
시민들에게 긍정적인 호응을
받기 시작하였다.
내수경제가 부흥하는 과정에서
택시에 대한 수요가 폭발적으로
증가할 수밖에 없었고
전국의 개인택시도 대폭 늘어났다.
그러나 개인택시에 대한 부당한 견제는
이제부터가 시작이었다.

개인택시에 대한 본격적인 견제

이후 개인택시가 전국적으로 확대되면서, 개인택시는 서비스가 좋고 깨끗한 이미지로 시민들에게 알려지기 시작하였습니다. 심지어 개인택시를 골라 타기까지 하였습니다. 전국 시민들이 개인택시의 서비스를 선호하고 호응이 좋아지자 전국 각 시도에서는 나날이 개인택시 증차가 이루어졌습니다.

그러나 새로운 서비스의 발전에는 기존 세력의 견제가 가해지는 것이 세상 모든 분야의 이치인 모양입니다. 개인택시 증차 현상에 대하여 기존의 법인택시 사업자들은 위기감을 느끼지 않을 수 없었을 것입니다.

그래서 법인택시 사업자들은 전방위적으로 개인택시 면허 중지 활동을 시작하였습니다. 명분인 즉슨 개인택시 사업면허를 확대한 결과로 인해 무사고 고급 운전자 인력이 부족해져 대형 사고가 증가하고 산업발전에 지장을 초래한다는 것이 이유였습니다. 전국택시조합연합회는 고속버스, 시내버스, 시외버스, 화물조합연합회까지 설득하여 정부에 개인택시 면허 중지를 강력하게 건의하기에 이르렀습니다.

그러자 정부가 이 건의를 받아들였고, 교통부 주관 하에 경주와 제주 등 일부 관광지를 제외한 모든 시도에서 개인택시 면허가 중지되었습니다.

개인택시 입장에서는 난관의 시절이 아닐 수 없었습니다. 이로 인해 1979~1980년 2년간 전국적으로 신규 개인택시 사업 면허는 일체 이루어지지 않았습니다.

신규 개인택시 면허가 중지되기도

그러나 바야흐로 시대가 바뀌고 있었습니다. 1970년대에서 1980년대로 넘어오면서 우리나라는 산업 발전과 경제 부흥이 시작되고 있었고, 내수 경제 부흥으로 인하여 택시의 수요는 폭발적으로 급증하게 되었던 것입니다.

기존의 법인택시만으로는 택시의 수요를 충당할 수 없었기 때문에, 교통부는 법인택시와 개인택시를 동시에 적정한 비율로 증차할 수 있도록 하였습니다. 그래서 1981년부터 전국 각 시도에서 신규 개인택시 면허가 재개되었습니다.

　개인택시가 증차되면서 회사택시도 거의 같은 비율로 증차되면서도 신규면허 없이 기존 택시사업자들에게 이익 배정으로 증차되었기 때문에 막상 회사택시 사업자들은 증차를 반대할 명분이 없어졌습니다. 증차를 하면 자신들도 이익을 배당받기 때문이었습니다. 오히려 회사택시들은 더 많은 이익 배정을 받기 위해 증차 공간을 만들려고 각 시도에 영향력을 행사하였습니다.

8 은근슬쩍 시행된 불공정한 3부제

개인택시는 본인이 직접 운전을 하기 때문에 택시기사들의 과로를 방지한다는 명목으로 2일 영업하고 하루 쉬는 3부제 운행을 시행하도록 하였습니다. 얼핏 그럴듯해 보이지만, 3부제 운행이라는 것은 사업이 1/3로 축소된다는 뜻이었습니다.

당시 서울개인택시조합이 이사장 선출 문제로 혼란에 빠진 틈을 이용하여 1979년도에 제일 먼저 서울이 3부제를 시행하였습니다. 말하자면 서울개인택시는 사업이 1/3로 축소되었는데도 한 마디 항변도 못한 채 불공정한 3부제가 시행된 것입니다.

그 후 서울시의 3부제를 빙자하여 점차적으로 전국 7대 도시와 대부분의 지자체에서 개인택시를 3부제로 묶어 운행을 제한해 증차 공간을 만들고 매년 회사택시와 개인택시를 거의 동 율로 계속 증차하였던 것입니다.

제가 조합 이사장으로 재직하고 있던 부산시에서도 서울을 예를 들면서 개인택시 3부제를 시행하라고 지시가 내려왔습니다. 저는 조합 이사장으로서 완강히 거부하다가 전국의 추세를 거역 못하고 그나마 5부제로 타협을 하였습니다.

1982년도에 회사택시와 개인택시를 대폭 증차하면서 저도 모르게 전격적으로 개인택시 3부제 시행 시장 결재를 받아 각 조합에 통보하고 언론에 공개하는 일이 일어났습니다.

불공평한 3부제 시행을 막기 위해 단식투쟁도 불사

1982년 어느 날 아침 방송에 전국 회사택시 연합회 회장이 출연하여 '앞으로 개인택시는 전국적으로 3부제로 운행되고, 개인택시 대리운전과 양수, 양도가 전면 금지될 것'이라는 이야기가 보도되었습니다. 같은 날 부산에서 개최된 경남 택시사업 조합 총회에서도 같은 이야기가 나왔습니다.

저는 서울개인택시조합 이사장과 전국개인택시조합 이사장에게 이 사실을 알리고 다음날 서울에서 모임을 가졌습니다. 서울에 모인 개인택시 이사장들은 택시연합회를 방문하여 회장을 만나려 하였지만 강원도에 있다는 말을 듣고, 개인택시의 운명이 걸린 이 문제가 해결될 때까지 단식투쟁을 하기로 하였습니다.

전국 각 시도 개인택시조합 대의원, 지부장, 임원들도 연합회로 모이도록 하여 반대의 뜻을 전하기로 결정하였습니다. 연합회 회장에게는 부산 방송국에서 말한 내용(개인택시 3부제 실시, 양도 금지, 대리운전 금지)에 대해 책임을 지라는 내용증명을 전달하였습니다.

강원도에서 이 소식을 접한 연합회 회장이 밤늦게 달려와 개인택시조합 이사장들과 만나 밤새도록 밀고 당기는 격론 끝에 마침내 합의를 도출하였습니다.

가만히 있다가 눈 뜨고 코 베일 처지

합의된 내용은 '3부제와 대리운전 문제는 없던 것으로 하고, 개인택시 양도는 취득한 지 5년으로 제한하되 55세 이상자는 제한 없이 양도하도록 한다' 는 내용으로 합의하였습니다. 그날 연합회 회장에 의해 합의된 내용은 곧바로 교통부 시행 규칙에 반영되었으니 참으로 묘한 일이 아닐 수 없었습니다. 이러한 부제 시행과 변천 과정에 대해 이야기하는 것은 그동안 개인택시가 지속적이고 철저하게 견제를 받아왔는지를 설명하기 위해서입니다. 부제뿐만 아니라 개인택시에 대한 각종 정부 규제들은 개인택시를 견제하는 많은 세력과 경쟁업체들의 엄청난 영향력을 감안해야만 그 근본 원인을 이해할 수 있습니다. 그런데도 전국 16만 5천 개인택시 사업자 대다수가 안타깝게도 이러한 현실을 잘 인식하지 못하고 있는 것이 지금까지 계속되고 있는 현실입니다.

전 세계 모든 국가의 택시사업은
개발도상국일 때 성업했다가
국가가 선진국으로 발전하면서 사양사업이 된다.
그것은 어쩔 수 없는 과정이다.
그런데 이 과정에서
우리나라의 개인택시는
구조조정의 1순위 대상이 되어
각종 견제를 당하거나
불공평한 규제를 받거나
심지어 아예 사라질 뻔한
위기를 여러 차례 겪어왔다.

개인택시가 역사에서
사라질 뻔한 위기

그동안 개인택시조합은 각 시도 회사택시조합과 전국 택시조합연합회의 힘에 눌려 크고 작은 견제를 받아왔습니다.

대한민국의 택시의 역사를 살펴보면 1980년대 산업화와 경제성장이 급속도로 이루어지면서 택시에 대한 수요도 폭발적으로 증가하였습니다. 교통 수요가 급증하면서 지하철이나 버스 같은 대중교통뿐만 택시 또한 교통난 해소를 위한 중요한 역할을 하기 시작했습니다. 정부에서 택시 수를 늘리는 정책을 실시한 것은 이 같은 교통난 해소를 위해서였습니다.

전 세계 어느 국가를 막론하고 택시 사업은 국가가 산업화, 도시화되고 경제가 성장하기 시작하는 개발도상국 시절에 국가 발전과 함께 맞물려서 성장하는 성업 사업입니다.

그런데 개발도상국에서 선진국의 반열로 진입하기 시작하면 상황은 달라집니다. 지하철을 비롯하여 대중교통 수단이 확충되고, 자가용이 전 국민에게 보편화되고, 편리하고 다양한 교통수단까지 일상에 자리를 잡고 나면, 택시 사업은 본연의 기능인 '1회용 자가용' 즉 고급 교통수단기능으로 돌아갈 수밖에 없습니다. 말하자면 택시 사업은 개발도상국일 때 호황을 누리다가 선진국으로 진입하는 무렵에는 점점 사양 산업으로 전락하는 것입니다.

이것은 다른 선진국에서도 거의 예외 없이 일어났던 현상입니다. 특히 우리나라는 지구상에서 인구 대비 택시 공급량이 가장 많은 나라에 속합니다. 즉 예전에는 택시 증차 정책이 이뤄져왔지만, 앞으로는 구조조정이 이뤄질 것이라는 게 엄연한 현실입니다.

사실 회사택시들은 이미 20여 년 전부터 조만간 이러한 현상이 도래할 것이라는 예측을 하고 있었습니다.

개인택시는 구조조정의 1순위 대상이 되어왔다

그렇다면 가장 먼저 구조조정의 대상이 되는 것은 누구일까요? 이에 대한 답은 어렵지 않게 짐작할 수 있을 것입니다. 1980년대 산업화 시대를 맞이하며 택시 수요가 증가함에 따라 개인택시 사업 면허도 확대되었지만, 그만큼 개인택시는 여러 가지 방법으로 견제를 받아왔습니다.

실제로 지난 1988년 개인택시 신규면허에 대한 5년 한시면허 제도가 시행된 적이 있습니다. 개인택시에 5년짜리 시한부 면허를 내주고, 5년이 지나면 그간 사고 등 위반 횟수에 따라 면허를 다시 줄 수도 있고 안 줄 수도 있다는 것입니다.

명분은 개인택시의 서비스 질을 높이기 위해서라고 했습니다. 물론 명분 자체만 보면 보다 더 안전하고 친절한 택시를 만들기 위한 제도라고 할 수 있습니다.

개인택시가 영영 사라질 수도 있었다

한 마디로 이 제도는 5년의 기한이 끝나고 나면 수많은 개인택시 사업자들의 운명을 좌우하게 될 치명적인 제도였습니다. 당시 개인택시조합 이사장들은 개인택시의 운명이 걸린 이 제도 시행을 막으려고 온갖 노력을 했지만 역부족이었습니다. 결국 개인택시 전체가 수요조절과 구조조정의 1순위 대상이 된 것이었습니다.

이 제도는 1987년도에 시행규칙을 제정하고 1988년부터 시행하여

1990년까지 3년 동안 계속되어 사실상 정착 단계에 있었습니다. 시행 당시에는 기존 개인택시의 반발을 의식하여 신규 개인택시 면허자에게만 적용한다고 하였지만, 사실상 양수자도 사람이 바뀌면 모두 신규면허가 되기 때문에 눈 가리고 아웅 하는 것이었습니다.

　다행히 개인택시 사업자들에게는 천우신조 같은 일이 일어났습니다. 이 책에는 자세한 과정을 이야기하기 어렵지만, 정치권과 맞물린 우여곡절 끝에 개인택시 연합회 회장단의 노력으로 5년 한시면허 제도를 폐지시킬 수 있게 되었습니다. 만약 이 제도가 그대로 계속 시행되었다면 개인택시는 택시 역사에서 사라졌을지도 모릅니다.

조합 이사장으로 당선되기 훨씬 전부터
개인택시 조합의 목적과 역할에 대하여
간절한 마음으로 고민하였다.
내가 구상한 조합의 역할은
같은 운명에 놓인 개인택시 사업자들끼리
똘똘 뭉쳐 단결하여
힘을 모을 수 있게 하는 것이었다.
단결과 단합이 없이는
개인택시는 살아남기 힘들었다.
그 구심점이 될 중요한 장소가 바로
조합원들을 위한 회관이었다.

개인택시조합의 미래를 꿈꾸며

　부산개인택시조합 이사장으로 재임하는 동안 저와 조합원들의 가장 중요한 목표사업은 조합 회관을 마련하는 것이었습니다.

　본래 조합의 업무는 조합원들이 영위하는 개인택시 사업의 사업권 수호와 발전을 도모하는 역할입니다. 그래서 적당한 회의실과 사무실 공간만 있으면 족합니다.

　그러나 처음부터 제가 구상한 조합의 존재 목적과 역할은 같은 운명에 놓인 사업자들끼리 단결하여 힘을 모으자는 것이었습니다. 개인택시 사업자들이 천신만고 끝에 어렵게 취득한 개인택시 사업을 오래도록 지키기 위해서는 반드시 개인택시가 단결되어야 된다고 생각했습니다. 힘을 모아야 사업을 지키고 발전시킬 수 있기 때문입니다. 개인택시는 단결이 되기 어려운 단체이지만, 조합은 조합원을 단결시키지 못하면 백해무익이 될 수도 있습니다.

저는 이 어려운 조직을 단결시킬 수 있는 유일한 방법은 개인택시 조합원들의 이해관계와 직접 연관되어 있는 복지사업을 발전시키는 것이라고 확신하였습니다. 각종 복지사업을 하기 위해서는 어떤 어려움이 있어도 큰 회관과 넓은 주차장이 확보된 공간을 마련하는 것이 필수 조건이기 때문에 자연녹지라도 넓은 부지를 구매할 계획을 세운 것입니다.

하지만 조합 이사장으로 취임하던 초창기에 조합은 단돈 10만 원도 없었고, 초량동의 원호회관에 있는 15평짜리 작은 사무실에 공짜로 더부살이를 하고 있는 형편이었습니다. 그래서 저는 임기가 시작되자마자 총회를 개최하고 회관 건립 기금을 마련하자고 제안하였습니다.

"개인택시 조합에 회관이 무슨 필요가 있습니까?"

당시 조합원은 692명이고 대의원은 40명인데 대의원 모두가 반대했습니다. 예상했던 결과이기 때문에 저는 더 이상 설득하지 않았습니다.

그 대신 당시 조합원 692명에게는 기금을 받지 않고 차후 신규 개인택시 사업자와 양수자들에게 1인당 회관건립 기금으로 10만 원씩을 받자고 제안하였습니다. 이 제안은 한 명도 반대 없이 만장일치로 가결되었습니다. 원래는 선배들이 기금을 먼저 내놓는 것이 순서이겠지만, 그렇게 하자고 고집하면 회관건립 계획 자체가 물거품이 될 수밖에 없는 상황이었기 때문에 기존의 조합원들은 포기하였던 것입니다.

당시 보잘것없는 예산이었지만, 재임 첫 해부터 절약을 한 끝에 연말 결산하면 언제나 남은 돈은 전액을 회관 기금으로 조성했습니다. 이와 같이 절약하고 매년 신규 개인택시 증차와 사업자와 양수사업자들이 조성한 기금이 약 3억 원 정도 모였을 때 이사장 선거가 있었습니다.

당시는 조합 이사장 임기가 2년이었습니다. 2년 후 다른 이사장 후보들은 '개인택시들은 경제적으로 영세하고 또 언제 떠날지 모르기 때문에 규모 있는 회관은 필요없다'고 강조하였고, 자기가 이사장에 당선되면 그동안 조성된 기금을 조합원에게 나누어주겠다는 선거공약을 하였습니다.

만약 제가 다시 당선이 되지 않고 다른 사람이 당선이 되었다면 회관 건립은 완전히 물 건너갔을 것입니다. 그러나 다행히 제가 계속 재임할 수 있었기 때문에 회관 건립 계획은 계속될 수 있었습니다.

11 목숨 걸고 조합 회관을 지은 이유는?

굳이 번듯한 조합 회관을 짓겠다는 것은 당시로서는 어쩌면 무모한 욕심이었는지도 모릅니다. 그러나 저는 지금 당장보다 먼 앞날을 내다보고 싶었습니다. 그래서 지금 여건이 안 되더라도 미래를 내다보기 위해 반드시 규모 있는 조합 회관을 만들고 싶었습니다.

이를 위해 매년 결산 후 잔여금액 모두를 기금으로 조성하였습니다. 기금이 어느 정도 조성되자 제일 먼저 회관 건립 부지를 알아보기 시작하였습니다. 기금은 적은데 부산시 전 지역에 거주하는 개인택시 사업자들이 차별과 불편 없이 회관을 이용하도록 하기 위해서는 부지를 도시 중심에 확보해야 한다는 생각이 들었습니다.

도심지에 위치하면서 주차장도 넓어야 한다는 조건에 부합하는 부지를 확보하기 위해 1983년경 기금이 3억 원 정도 조성되었을 때부터 본격적으로 부지를 물색했습니다.

2년에 걸쳐 수십 곳의 자연 녹지를 답사한 끝에 마침내 1984년도에 현 위치의 자연녹지 4,782평을 찾을 수 있었습니다. 현 부지는 부산시청과 경찰청, 법원 등이 가까운 거리에 있는 부산시의 중심입니다. 조합원들을 위한 회관을 세울 수 있는 최적의 장소였기에 탐이 나지 않을 수 없었습니다. 이곳을 중심으로 많은 혜택을 받고 단합하게 될 조합원들의 미래가 저절로 그려졌습니다.

어떻게 해서든 지금의 회관 부지를 확보하고자

그런데 문제가 있었습니다. 법인에는 세금 때문에 시세의 2배가 아니면 양도할 수 없다고 하는 것이었습니다. 당시에는 개인이 집이나 자연녹지 등 부동산을 구매할 때는 정부가 정한 고시가격 대로 양도세 등 각종 세금이 부과되었지만, 법인이 부동산을 구매할 때는 은행지출 자금 출처가 반드시 첨부되기 때문에 부동산 매도자는 법인에게 매도를 꺼렸습니다. 그런 이유로 해서 개인에게 매도하면 평당 7만 원까지 매도할 수 있지만, 조합(법인)에게는 거래 금액이 노출되기 때문에 15만 원을 받아야 매도한다는 것이었습니다.

부지는 욕심나는데 기금은 구매 가격의 절반도 못 미쳐 저는 며칠

간 고민을 정말 많이 하였습니다. 저는 어렵더라도 두고두고 부산개인택시 조합원들을 위한 온갖 복지사업을 마음껏 펼칠 수 있고 조합원들이 불편 없이 이용할 수 있는 회관을 꼭 만들고 싶었습니다. 그래서 당시기금으로서는 도저히 구매할 수 없는 현 위치의 부지를 굳이 고집하였던 것입니다.

이 문제를 해결하기 위해 결국 저는 위험한 꾀를 냈습니다. 지인에게 계약금을 차용하여 부동산 소개업자 개인이 7만 원에 계약하도록 하였습니다. 그리고 조합은 부동산 소개업자에게 평당 5천 원을 더 주는 조건으로 하여 연쇄적으로 조합과 중계인과 계약하는 방법으로 이 부지를 구매하였습니다. 결과적으로 부지를 절반 가격으로 구매할 수 있게 된 것입니다.

그러나 이 같은 비정상적인 거래로 인하여 저는 개인적으로 말할 수 없는 고통을 겪어야 했습니다. 소개자가 양도세 등을 일체 내지 않고 잠적하는 바람에 7년간 기소중지가 되는 곤욕을 치렀던 것입니다.

마른하늘에 날벼락 같은 소식

그러나 시련은 이제 겨우 시작에 불과했습니다. 이렇게 2년 동안 물색하여 천신만고 끝에 구매한 이 부지가 구매한 지 1년 만에 부산시의 도시계획에 의해 공원부지로 확정되었다는 것이 아니겠습니까? 그야말로 마른하늘에 날벼락이었습니다.

당시 저는 관할 구청으로부터 조합 회관을 건립하는 데 아무 문제가 없다는 확인까지 받고 나서 부지를 구매한 것이었습니다. 그런데 난데없이 공원부지가 될 거라고 하니 그야말로 눈앞이 캄캄했습니다. 당시 저의 평생의 소원과도 같았던 조합 회관 건립과 꿈같은 미래가 산산이 부서지는 것만 같았습니다.

아무에게도 말도 못하고 끙끙 앓고 있을 때 부산시 사업을 잘 아는 사람이 2천만 원만 있으면 공원 부지에서 조합 부지를 제척할 수 있다는 귀띔을 해주었습니다. 당시 2천만 원이라는 돈은 지금으로 치면 2억이 넘는 어마어마하게 큰 돈이었습니다. 제가 살고 있던 아파트를 담보로 대출을 받는다 하더라도 1천만 원밖에 대출이 되지 않았습니다.

어렵게 구한 회관 터가 공원부지가 될 뻔하다

그러나 저는 지푸라기라도 잡은 심정으로 서슴없이 2천만 원을 구해보겠다고 약속을 하였습니다. 1천만 원은 집을 담보로 대출을 받고, 나머지는 모 건설회사 사장인 지인에게 회관 건립 공사를 주겠다고 하고 1천만 원을 차용한 것입니다.

어찌 생각하면 무모한 결정이었는지도 모르겠으나 당시 저로서는 그만큼 절박하였습니다.

그렇게 어렵게 2천만 원을 마련하여 전달하자, 그는 부산시 도시계획 위원 명단에 있는 몇 사람을 찾아가 절박한 사정을 하면 될 거라고 했습니다. 저는 벼랑 끝에서 지푸라기를 잡는 심정으로 관련 국회위원 등 몇 명을 찾아가 조합회관 설립을 할 수 있도록 도와달라고 읍소하고 부탁하였습니다.

그러한 노력 끝에 1986년도 12월 건설부중앙도시계획위원회에서 사직 체육시설 가시지역에 있는 공원 부지중에서 부산개인택시 회관 부지만 제척이 될 수 있었던 것입니다. 그 후 우리 조합으로 회관부지 제척을 계기로 올라가는 도로 왼편도 공원 부지에서 모두 해제되었고 시립병원 등이 지어지게 되었습니다.

지금의 조합 회관 터를 마련하기까지는 이와 같은 난관들이 수도 없이 이어졌습니다.

비영리 사단법인에서 조합 자산을
지분권으로 발행하여
회원들에게 배당하는 사례는
우리나라에서는 첫 사례였을 것이다.
이 아이디어 덕분에
회관 건립 자금도 해결되고
조합원들이 지분권을 갖게 하여
조합에 대한 주인의식을 갖게 하는
두 마리 토끼를 잡을 수 있었다.

궁하면 통한다는 이치

회관 건립 부지를 공원 부지에서 제척하여 최종 확보한 후 회관 건립 기금을 모으고 있던 중 청천벽력의 문제가 또 다시 발생하였습니다.

1987년 내무부에서 부산시를 감사하던 중 부산개인택시조합 회관 부지를 구매하고 2년이 경과했는데도 구매가액의 20퍼센트에 해당하는 중과세를 하지 않았다는 지적을 하며 7천만 원을 부과하였습니다. 법인(조합)이 자연 녹지를 구매하고 2년이 경과되도록 목적 용도로 사용하지 않으면 토지 구매가의 20%에 해당하는 중과세를 물게 하기 때문이었습니다. 1년 전에 공원부지에서 제척되었다는 사실과 조합의 어려운 사정을 설명하여도 통하지 않았습니다.

조합은 7천만 원이라는 세금을 낼 돈이 없었습니다. 그래서 팔방으로 알아보니 지방세는 부산시 세무과에 이의신청을 하는 방법이 있다는 것이었습니다. 이에 이의신청을 하고 보니 마침 세무계장이 예전에 운수과 택시계장을 하였던 잘 아는 분이었습니다. 저는 그간의 어려웠던 과정을 설명하고 도와주십사 간곡히 사정하였습니다.

천만다행히도 부산시 지방세 심의 의원회에서 회관 건립이 늦어진 사유를 설명하고 선처해주면 즉시 회관 건립을 하겠다고 진술하였더니, 부과된 중과세 7천만 원이 취소되었습니다. 하지만 몇 개월 후 해가 바뀌면 또 다시 중과세가 부과될 것이기 때문에 보통 고민이 아니었습니다.

회관 건립 기금을 마련하기까지 시련의 연속

중과세 문제에 있어서 급한 불은 겨우 꺼놓았지만, 1년 후에 또 다시 중과세 부과가 될 처지이고 회관 건립 자금은 아직 마련되지 않은 상황이라 그야말로 사면초가였습니다.

회관 부지가 공원 부지로 확정되었다가 다시 제척이 되는 우여곡절이 있었지만 조합 이사, 대의원, 조합 직원, 조합원 중 누구에게도 이 사실을 알리지 못하였습니다. 그리고 7천만 원의 중과세가 부과되었다가 우여곡절 끝에 면세되었다는 사실, 회관 건립을 하지 못하고 해를 넘기면 중과세가 다시 부과될 것이라는 사실도 공개하지 못했습니다.

1년 이내에 공사를 하지 못한다면 2년간의 중과세를 내야 하고 회관 건립을 하려면 15억 원 가량의 비용이 드는데 그야말로 진퇴양난이었습니다. 당시 조합원들의 정서로는 회관 건립을 위해 1인당 20만 원씩 부과를 한다는 것을 받아들일 수 없었을 것입니다. 그렇다고 해서 지금까지 사력을 다해 노력해온 꿈을 접을 수도 없었습니다.

저는 일단 구상하였던 대로 각 층별 120평 정도의 공간에 지하 1층, 지상 4층, 700명을 동시에 수용할 수 있는 대형 강당을 포함한 회관 건물에 대한 설계를 의뢰하였습니다. 이사회 동의를 받는 데도 적지 않은 반대의견이 있었지만 조합원 복지사업을 위해 불가피하다는 설명을 하여 어렵게 동의를 받아 설계까지 완료하였습니다.

그래도 꿈을 향해 한 발 한 발

설계까지는 하였지만 어떤 방법으로 건립 기금을 마련할 것인지를 밤낮으로 고민하던 중 뜻밖의 아이디어가 떠올랐습니다.

우선 회관을 건립하고 건립 후에 조합 부지와 회관을 감정하여 가

치평가가 되면, 자산만큼 유가증권을 지분권으로 발행하여 조합원들에게 자산을 분배하면서 회관 건립비를 조달하는 방법이 있다는 점을 착안하였습니다.

조합원들은 적은 돈을 내면서 몇 갑절의 지분권을 받을 수 있을 것이고, 지분권은 주기적으로 조합 자산을 평가하여 지분권 이면에 표기하며, 만약 조합원이 개인택시를 양도하고 떠나는 경우에는 자신이 보유하고 있는 지분권 이면에 표기된 금액을 조합이 현금으로 지급하는 것입니다. 또한 개인택시를 양수한 자는 당시 시세대로 지분권을 조합에서 구매하는 방법으로 관리하기로 하면 조합원들도 만족할 수 있을 것으로 확신이 들었습니다.

이처럼 비영리 사단법인에서 조합 자산을 지분권으로 발행하여 회원들에게 배당하는 사례는 우리나라에서는 첫 사례일 것입니다. '궁하면 통한다'는 말이 있는 것처럼, 이 아이디어는 진퇴양난에 있던 회관 건립 자금도 해결해주고 조합원들이 지분권을 보유함으로서 조합에 대한 애착과 주인의식을 갖게 하는 두 마리 토끼를 잡는 방법이 되었습니다.

이렇게 해서 회관 건립을 할 수 있는 준비가 겨우 완료되었습니다.

조합 회관 건립을 눈앞에 두고
이번에는 내부적인 장애가 발생하였다.
돈에 눈이 먼 일부 임원들이
이사장인 나 모르게
개인의 이익을 챙기기 위해
모의를 하고 있었던 것이다.
마치 '등잔 밑이 어둡다' 는 말처럼
그동안 발견하지 못한
아주 부끄러운 치부를 마주하고
참담한 심경을 금치 못하였다.
그러나 그것은 언젠가는 직시해야 할
아픈 뿌리이기도 했다.

부끄러운 치부를 마주했던
참담한 심경

모든 난관을 어렵게 극복하면서 회관 설계와 건립 자금까지 완료한 상태에서 상상도 할 수 없는 사건이 또 다시 발생되었습니다.

이번에는 내부적인 장애였습니다. 조합 이사들이 회관 건립에 대해 계속 반대의견만 내놓는 것이었습니다. 회관 건립에 필요한 입찰 방법 등을 의결하기 위해 이사회만 소집했다 하면 회관 규모가 너무 크다는 등 온갖 이유를 대면서 별다른 대안도 없이 무작정 반대를 하는 날이 이어졌습니다.

그러던 어느 날이었습니다. 당시 조합 감사였던 김 모 씨가 저에게 엉뚱한 질문을 하였습니다.

"왜 이사회에서 회관 건립 입찰을 반대만 하는지 알고 계십니까?"

이유가 무엇이냐고 반문하였더니 제가 짐작도 못한 엄청난 사실을 알려주었습니다. 그가 알려준 이야기를 듣고 저는 그야말로 눈앞이 캄캄해졌습니다.

내용인즉 이사장인 저를 제외한 이사와 감사 전원이 따로 만나서, 회관 건립 공사를 맡은 회사는 공사비의 약 5퍼센트에 해당되는 리베이트를 준다는 통념이 있다면서, 그 돈을 자기들끼리 단합만 하면 '이사장 모르게 우리끼리 챙길 수 있다'고 합의가 되었다는 것입니다!

손가락 다섯 개를 전혀 다르게 받아들여

이 합의에 따라 이사 중 한 명이 모 건설회사 사장에게 가서 공사를 의뢰한다는 각서를 써주고 3,500만 원 권 수표를 받아 은행에 보관해놓았다고 하였습니다. 뿐만 아니라 이 건으로 여러 차례 만나 회관설계를 맡은 사장으로부터 기백만 원을 받아 나누어 가졌다는 것입니다.

배신감에 치가 떨리고 큰 충격을 받은 저는 뒤늦게 어떻게 해서든 이들을 설득하려 했습니다. 그러나 이미 돈을 받아 보관한 그들은 요지부동이었습니다. 그들은 제가 그 돈을 빼앗아가 독식할 것이라 생각한 것입니다. 하도 답답해서 그들에게 수표를 준 건설회사 사장을 만나 돈을 회수해 가라고 부탁하였으나 그것도 통하지 않았습니다.

어느 날 임원들을 설득하면서도 답답하여, 순간적으로 저는 '누가 이 공사를 맡더라도 임원들에게 인사 명목으로 1인당 50만 원씩은 받게 해줄 수 있을 것'이라고 생각하고는, 손가락 5개를 펼쳐 보이면서 이렇게 약속하였습니다.

"공정한 방법으로 입찰하여 공사를 맡은 업체에게 제가 부탁하여 여러분들에게 이 정도 돌아갈 수 있도록 최선을 다하겠습니다."

그제야 임원들이 만족하고 수긍하였습니다. 그런데 돌아오는 길에 누군가가 '손가락 5개'가 얼마를 뜻하는 거냐고 묻기에 '50만원'이라고 대답했더니 깜짝 놀라면서 임원들은 모두 '500만 원'으로 알고 즐거워 하고 있다는 것이었습니다.

저는 다시 한 번 충격을 받았습니다. 결국 임원들과의 합의는 결렬되었습니다.

Chapter 6

부산개인택시 조합의 빛나는 사업들

조합 회관에 마련한 농산물 매장은
부산 개인택시 조합원들은 물론이고
일반 부산 시민들에게도 큰 인기였다.
전국의 각 택시조합에서 우리 조합을
'선진 조합 시찰지'로 수 없이 방문하였고
심지어 일본 택시업계에서도
수차례나 우리 조합을 견학하였다.
각종 복지사업은 큰 성공을 거두었고
무엇보다도 새마을금고는
국무총리 표창을 받을 정도로
모범적인 금고로 성장하였다.
이어져 출자금에 대해 시중 보다
높은 배당을 받을 수 있었다.

1

파란만장한 난관 끝에 최고 수준의
조합 회관을 짓다

결국 저는 그들을 설득하는 것이 불가능하다고 판단하고, 집행부 밖에서 저를 반대만 하면서 기회만 있으면 저를 불신임하려고 서명을 받아오던 대의원들을 상대로 대의원 총회를 개최하여 입찰 방법을 정하기로 결심하였습니다.

대의원 총수 40명 중 일부 결원이 있어도 이들 8명보다 2배가 되었고, 대의원들은 최저가 낙찰방법으로 하자고 동의하였습니다. 돈을 받아 거머쥐고 있는 임원들은 명분 없는 주장을 하지 못하였고, 결국 공개 경쟁 입찰방법이 의결되었습니다.

이후에도 형언할 수 없는 어려움들이 있었지만 잘 극복한 끝에 1989년 운수단체에서 가장 규모가 큰 회관을 완공할 수 있었습니다.

오늘날의 부산개인택시조합 회관은 이와 같은 파란만장한 장애와 방해와 난관을 극복하면서 정말 힘들게 건립되었습니다. 땅을 구하고 기금을 마련하고 회관을 짓기까지 얼마나 간절한 마음으로 애를 태웠는지 저는 지금도 생생하게 기억합니다.

직영 LPG충전소 전경.

개인택시운송사업조합 전경.

미치지 않고서야 할 수 없었을 일들

이 회관을 건립하는 데 저의 사비만 3천만 원이 더 들어갔습니다. 당시 가치로 이 금액은 아파트를 두 채는 살 수 있는 큰돈이었습니다. 부산개인택시조합 이사장직을 맡고 있는 동안 제가 살던 아파트가 항상 한도까지 근저당 되어 있었던 것은 이런 이유 때문이었습니다. 게다가 조합 이사장을 하는 사람이 행정구역도 다르고 시내버스도 없던 경남 양산군 기장으로 어린 자식들과 노모를 모시고 이사했던 데는 이런 속사정이 있었습니다.

아직도 저는 이곳에 살고 있습니다. 당연히 우리 가족 입장에서 가장인 저는 한 마디로 미친놈이었습니다. 저는 미친 것이 맞다고 지금도 생각하고 있습니다. 대한민국의 개인택시 발전과 부산개인택시의 권익과 단합을 위해 물불 가리지 않고 모든 것을 바친 삶! 그것은 미치지 않고서야 절대로 이룰 수 없는 일이었습니다.

그리고 저는 진심으로 후회한 적이 단 한 번도 없습니다. 조합원의 미래를 위해 헌신한다는 것이 제 자신의 소신이었기 때문입니다. 오히려 제 모든 결정에 대해 무한한 긍지를 가지고 있을 뿐입니다.

평범한 약자를 대변하고 권리를 찾는 일에는 고난과 개인적인 희생이 따른다는 진리를 제 삶을 통해 체험하였습니다.

또한 비리와 사익을 우선시하는 사람들 눈에는 자기와 같은 사람들만 보이는 것처럼, '부처 눈에는 부처만 보이고 돼지 눈에는 돼지만 보인다'는 이 세상의 이치도 절실히 경험하였습니다.

국내 최고 모범이 되었던
새마을금고와 복지사업

회관을 건립한 이후 그동안 꿈꾸며 구상하여 오던 복지사업을 이제야 비로소 본격적으로 추진할 수 있었습니다.

가장 먼저 추진한 사업은 바로 새마을금고 사업입니다.

새마을금고 사업은 조합원들의 주택 마련, 자녀 등록금 등에 필요한 목돈을 저금리로 대출받을 수 있게 하자는 것입니다. 금융사업을 성공시키는 것은 결코 쉽지 않는 일이지만, 개인택시 사업자들이 유대하고 단합할 수 있는 계기를 만들어줄 중요한 사업이기 때문에 어려운 줄 알면서도 과감하게 시작하였습니다.

초대 이사장인 저는 무임금, 무판공비로 비용 절약을 모토로 하면서 우리나라에서 최초로 공제사업을 시작하였습니다. 조합원들의 사고 예방 노력과 신속한 사고처리로 축적한 기금을 기반으로 새마을금고사업은 순조롭게 출발하였습니다.

1979년 4월 1일 전국 최초로 택시 종합보험금의 1/7이라는 적은 분담금으로 부산개인택시 독립채산제로 공제사업을 시작하여 지금까지 성공적으로 운영하고 있습니다.

모범적인 조합으로 급성장하다

부대사업에도 큰 공을 들였습니다. 우선 조합 본관 1층에는 백화점식 생활필수품 매장을 열었고, 지금의 조합 직영 LPG충전소가 있는 위치에는 2층짜리 복지동 건물을 지어 각종 전자제품 매장을 만들었습니다. 조합 주차장 지하에는 자동차부품 매장, 본관 우측 공터에는 가건물을 지어 질 좋은 쌀을 비롯해 각종 제철 농산물을 파는 현지 직송 판매장을 개업하였습니다.

그리고 700평에 이르는 넓은 주차장 벽면에는 시민들이 사용할 수 있는 수도꼭지를 10개 만들었는데, 이 수도에서는 금정산 250미터 지하에서 퍼 올린 깨끗한 약수가 365일 24시간 쉬지 않고 나오게 했습니다.

당시 부산개인택시 조합원들과 가족들은 물론이고 일반 시민들도 물밀 듯이 조합 매장을 찾아왔습니다. 또한 전국 각 시도의 택시조합 임원과 대의원들이 하루가 멀다 하고 우리 조합을 '선진 조합 시찰지'로 방문하였습니다. 심지어 일본의 개인택시 업계에서도 우리 조합을 견학하기 위해 수 차례나 방문하기도 하였습니다.

새마을금고 사업도 급성장

그 성과는 엄청났습니다. 새마을금고 등의 금융사업을 시작하면 잘 해야 4~5년 만에 출자금에 대한 수익배당이 되는데, 부산개인택시 금고는 이듬해부터 출자금에 대한 이익 배당이 다른 금고나 은행보다 월등이 높게 되었던 것입니다. 통상 금고나 은행들은 초창기에는 출자금 부족 현상이 걱정거리인 경우가 많지만, 우리 새마을금고는 4~5년 후부터 출자금을 사양할 정도로 급성장하였습니다.

그 결과, 1992년 12월 15일 창업하여 25년이 지난 부산개인택시 새마을금고는 총자산이 약2,500억 원에 육박하고, 순이익금이라고 할 수 이는 적립금이 약 250억 원에 달해, 전국에서 단일금고로서는 손꼽히는 대형 금고로 성장하였습니다. 안정성과 경영평가에서는 전국 1,420개의 금고 중에서 1위로 평가되어 국무총리 표창과 상금을 받는 모범 금고가 되었습니다.

이 같이 타의 추종을 불허할 정도로 발전할 수 있었던 것은 금고를 창업하고 초창기 5~6년 동안 각종 복지사업과 올바른 경영기초를 다지기 위해 노력했기 때문이기도 하겠으나, 후임자들과 직원들이 더욱 열심히 노력한 결과라고 생각합니다.

택시업계 최초의 조합 직영
메타기 검사소

택시 메타기 검사 및 수리업 허가를 사업조합에서 직접 운영하는 케이스는 우리나라에서 부산개인택시조합이 최초입니다.

우리나라에서 택시가 운행되면서부터 유일하게 서울 계량(저울) 회사에서 생산된 기계식 택시메타기를 사용하였습니다. 1977년도부터 전자식 택시 메타기가 생산되었고, 교통부에서 전자식 메타기를 의무적으로 사용하도록 하였습니다.

부산시에서는 5~6곳에 택시 메타기 판매와 수리를 하고 검사는 부산시 상공과에서 하였습니다. 어느 국가든 계량법은 위반하면 무거운 처벌을 합니다. 택시 메타기 수리 업소도 일정한 등급의 메타기 자격이 있어야 수리사업 허가를 받을 수 있습니다.

그런데 법인택시의 경우 1개의 회사에 수십~수백 대의 택시가 있기 때문에 수리비를 1대당 1년에 얼마씩 계약하고 수리를 합니다.

개인택시에 불리했던 메타기 시스템을 개선

　반면에 개인택시의 경우 사업자가 각각 1대씩 택시를 가지고 있기 때문에 고장이 있을 때마다 수리비를 지급해야 합니다. 수리비도 비싸거니와 어떤 부속을 교환하는지 알 수 없었습니다. 더구나 당시의 메타기는 고장이 많았습니다.

　특히 택시요금이 인상된다든지 대폐차를 하는 경우는 메타기를 교환하기 때문에 부르는 게 값이었습니다. 조합원들의 지출도 많을 뿐만 아니라 불편이 이만저만이 아니었습니다.

　그래서 저는 조합원들의 비용 절약과 밤낮으로 편의를 도모하기 위해 전국 최초로 조합 직영 메타기 수리 및 검사소 허가 신청을 하였습니다. 조합 직영 수리업소 신청을 했다는 소식이 전해지자 전국 메타기 수리사업자들이 부산에 모여 허가반대 시위를 하였지만 결국 끈질기게 허가를 받을 수 있었습니다.

　조합이 메타기를 수백 수천 대씩 공장에서 도매로 직접구매 하여 원가로 공급하고 수리도 언제든 할 수 있게 되자 메타기 수리업의 판도가 바뀌었을 뿐만 아니라 조합원들로부터 크게 환영을 받았습니다.

조합에서 시행한 각종 복지정책은
부산 개인택시 조합원들에게
많은 도움을 주며 큰 호응을 받았다.
상조사업과 자녀들 장학금 지급,
보증보험금 면제 등의 여러 정책들이
하나씩 성공적으로 시행되자
부산 개인택시 조합원들은 점차
개인택시 사업자로서의 자부심과
긍지, 단결심을 갖게 되었다.

4

조합원들의 복지를 위한
상조사업과 장학금 제도

　조합원들의 복지를 위해 시행한 또 하나의 중요한 사업은 바로 상조사업입니다. 개인택시 조합원에게 교통사고가 발생했을 경우 대인과 대물은 공제사업으로 보장을 하고 있었지만 자기 잘못으로 자차가 파손되거나 본인이 부상을 당하였을 경우의 보장은 없었습니다. 그래서 이를 위해 조합 차원에서 보장할 수 있는 방법으로 자차 자손 상조사업을 시작하였습니다.

　또한 그리고 조합원들에게 경조사가 생겼을 때 조합원들의 유대를 위해 길흉사 상조사업을 시작하였습니다.

　이 2가지 상조사업은 유사보험으로 오해받지 않도록 매월 청산하는 방법으로 운영하기로 하였습니다. 보상 범위는 상조 규정으로 정하되 지금 기준은 보험 수준으로 만들어 조합원들로 하여금 교통사고로 인한 부담을 완전히 덜도록 하였습니다. 길흉사 상조 운영은 본

인 사망일 경우 거의 장례 비용에 준하는 보장이 되기 때문에 조합원
들의 유대와 불상사까지 보장하는 사업을 하였던 것입니다.

20년 간 9,500명의 조합원 자녀에게 장학금 전달

또한 개인택시 조합원들의 자녀교육에 조금이나마 보탬이 되고자
하는 목적에서 1988년부터 조합 창립기념행사와 더불어 장학금 전
달식을 갖는 장학제도를 시행하였습니다. 장학제도의 재원은 사고
예방 노력으로 절약한 기금을 사용하도록 하였습니다.

조합원 자녀들 장학금 수여식.

　이와 같은 방법은 조합원들의 무사고 운전을 유도하고, 조합원 자녀들의 사기와 향학열을 고취시킨다는 두 마리 토끼를 잡을 수 있는 사업이었습니다.

　이후 매년 조합 창립기념 행사 날이면 중고생과 대학생까지 수백 명의 장학생들을 격려하고, 자녀를 훌륭하게 기른 개인택시 사업자들의 부모로서의 노고를 위로하는 성대한 잔치를 20여 년째 지속해오고 있습니다.

　그간 장학금을 받은 학생은 2016년 현재 약 9,500여 명이고 장학금으로 전달된 금액은 20억 5천만 원에 이릅니다. 이 장학금 사업은 부산개인택시조합원들의 단결의 자부심이 되고 있습니다.

5

차량 구매 시 조합이 보증을 해주다

조합 회관을 개관한 후 저의 가장 큰 관심사는 우리 공동체가 어떻게 힘을 모아야 조합원들에게 더 이익이 되고 비용을 절약할 수 있는지를 찾는 것이었습니다.

조합원이 개인택시를 대폐차하면서 차량을 구매할 때 대다수 조합원들이 할부로 구매하고 있습니다. 당시 자동차 3사(현대, 대우, 기아) 모두 보증보험에 가입하여야 할부 구매를 할 수 있었습니다. 자가용도 마찬가지였습니다.

개인택시 보증보험 금액은 자동차 가액에 따라 차이가 있지만 대체로 중형차일 경우 보증보험금이 15~20만 원이었습니다.

제 생각으로는 개인택시 조합원들은 단 1명도 보험금 사고를 내는 경우가 없는데, 형편이 넉넉지 않은 조합원들에게 보증보험 금액은 그냥 시주하는 돈이나 마찬가지인 것 같았습니다. 그래서 저는 자동차 3사의 부산 판매 책임자들에게 개인택시는 조합이 보증할 테니 보증보험가입을 면제해주도록 건의하였습니다.

그러자 3사 모두 반대를 하였습니다. 반대하는 이유를 알아보니 자동차 판매 대리점 직원이 보증보험 1건을 가입하면 약 4~5만원씩 수고비를 받는다는 것이었습니다. 부산에 있는 자동차3사 대리점 판매원은 거의 2,000명이나 되었습니다.

보증보험금 면제 방안을 마련

저는 이 문제가 간단히 해결될 일은 아니라는 판단을 하고 기발한 방법을 찾았습니다.

3사 중에 1개 사에게 조합 회관에 판매 대리점을 허용해주고, 해당 회사의 차만 집중적으로 구매한다는 조건으로 조합이 보증보험을 대신하는 보증을 하기로 하였던 것입니다.

이로 인해 결국 3사 모두 개인택시 할부 구매는 조합이 보증하는 것으로 보증보험금을 면제하게 할 수 있었습니다.

그리고 조합은 만일의 경우를 대비하여 1대 당 2만 원씩을 보증보험 명목으로 받아 기금을 조성하였습니다. 이 기금이 현재 8억 2천만 원이 적립되었을 때, 조합원들에게 더 큰 이익을 주기 위해 할부로 차량 구매 시 높은 이자를 낮은 이자로 조합 새마을금고에서 대출을 해 주어 신용보증보험이 필요가 없어졌다.

이 아이템과 정보는 나중에 서울 개인택시 조합에도 제공되어 시행되었습니다.

파격 할인가로 조합원들의
자동차 구매

1996년 삼성 자동차공장이 가동된 지 1년 만에 부도가 나서 자동차 생산이 중단되고 법정관리에 들어간 일이 있었습니다.

부산시에서는 지역 경제를 위해 자동차공장을 살리자는 시민운동이 일어났습니다. 그러나 당시 삼성자동차는 회생 불능이고 경제논리상 자동차공장 과잉이라는 이유로 이미 퇴출 발표가 된 상태였습니다.

당시 저는 부산개인택시조합 이사장으로서 삼성자동차 살리기 시민운동 공동대표를 맡고 있었습니다. 부산시민 300만 서명운동과 함께 부산시 출신 국회의원들이 부산 지역경제를 살리기 위해서는 반드시 자동차공장을 살려야 된다는 여론을 만들고 있을 때였습니다.

당시 법원에서 법정관리를 풀고 삼성자동차를 재가동하기 위해서는 무엇보다 그 당시 판매되지 않은 5,000대의 재고 처리가 재가동의 불씨를 지피는 일이라는 것이 당면과제였습니다.

조합원은 저렴하게 구매하고, 자동차공장도 살리고

그런데 국내에서는 공장이 퇴출되는 자동차의 경우 향후 서비스와 부품공급 문제 때문에 아무도 구매할 사람이 없었습니다. 5,000대중 2,000대는 외국에 판매될 수 있었지만 나머지 3,000대는 판매할 길이 없었습니다.

이때 저는 과감한 결심을 했습니다. 당시 재고로 남은 중형차들은 택시로 쓰기에 적합할 뿐만 아니라 부품 등 여러 모로 보아 믿을 수 있는 차라는 사실을 잘 알고 있습니다. 다만 문제는 부품 조달인데, 만약 개인택시 조합이 공동구매를 한다면 설사 공장이 퇴출되더라도 가까운 일본에서 부품을 구매할 수 있을 것이라는 판단을 하였습니다.

그래서 삼성자동차 채권단에 제안을 하였습니다. 개인택시조합에서 약 3,000대를 구매한다면 차 가격을 할인해줄 수 있는지를 물었습니다. 그 결과 1대 당 300만 원씩 할인하는 조건이 성사되었고, 이 사실을 조합원들에게 홍보하여 불과 수개월 만에 약 2,000여 대가 판매되었습니다.

조합원들은 성능 좋은 차를 할인된 가격에 구매할 수 있었고, 결국 이것이 힘이 되어 삼성 자동차공장은 재가동되었고, 당시 조합원들은 6~7억 원의 이익을 보게 되었습니다.

신규면허 수여식에서의
희망에 찬 눈빛

우리나라가 본격적인 산업화되어 택시의 수요가 늘어나기 전에는 개인택시 사업자들의 입지는 참으로 미약했습니다.

그 후 개인택시 제도가 확대 실시되려 할 때마다 경쟁업체인 법인택시 업계의 견제를 받기 일쑤였습니다. 한 예로 1979~1980년 2년간은 제주와 경주 등 일부 관광지역을 제외한 모든 지자체가 개인택시 신규면허를 중지한 적도 있습니다. 예전에 전국의 법인택시회사 사장들은 대부분 그 지역의 유지인 경우가 많았고 그들에게는 정책을 좌지우지할 만한 매우 큰 힘이 있었던 것입니다.

저는 개인택시 초창기부터 지입택시 권익운동을 하면서 개인택시 사업자들의 힘이 얼마나 약한지를 너무도 절실히 경험하였습니다.

그래서 힘없고 백 없고 돈 없고 모래알 같은 조직이었던 개인택시 조합원들이 택시 운전자로서 자부심을 갖게 하고 싶었습니다.

개인택시 사업자로서 긍지를 갖게 하고자

조합 이사장 재임 시절, 신규 개인택시 면허 수여를 받는 개인택시 사업자들과 그 가족들의 진심어린 눈빛을 저는 잊을 수 없습니다. 눈물을 흘리면서 시장님에게 감사의 인사를 할 때 시장님도 큰 보람을 느끼는 것을 보았습니다.

저는 신규 개인택시 면허 수여식 자체가 개인택시 면허를 1대라도 늘리는 데 도움이 되겠다는 생각이 들었습니다. 그래서 15년 가까이 되는 이사장 재임기간 내내 저는 신규 면허 수여식과 발대식을 성대하게 치르도록 마련하였습니다. 신규 면허를 받는 사업자들도, 면허를 전달하는 시장님도, 앞날에 대한 기대와 희망을 느낄 수 있는 분위기를 조성하였습니다. 그 당시 신규면허를 받은 분들이라면 희망과 기대로 가득했던 그 날의 분위기를 기억하실 것입니다.

뜻이 있는 곳에 길이 열리는 것이 세상 이치라고 저는 생각합니다.

아무리 별 것 아닌 것 같은 작은 노력이라 할지라도 개인택시 면허가 확대되고 사업자들이 더 큰 인생의 희망을 가질 수 있다면 무엇이든 길을 찾으려 했던 나날들을 저는 지금도 뿌듯하게 생각합니다.

부산개인택시의 친절운동은
전국적으로 큰 반향을 불러일으키며
널리 확산되었다.
친절운동과 더불어 택시기사가
깨끗하고 단정한 제복을 착용하는 것이
시민들에게도 큰 호응을 얻었다.
일본 MK택시의 친절운동을 벤치마킹하여
이것을 우리나라 실정에 맞게 적용하였다.
부산 개인택시의 이러한 친절운동은
대한민국 택시의 서비스와 친절을
한 단계 업그레이드 시키는
역사적인 계기가 되었다.

8

일본 MK택시를 능가한
부산개인택시의 친절운동

　예전에 재일교포 유봉식 씨가 일본에서 MK라는 상호로 택시사업을 경영하면서 서비스가 훌륭하고 모범적이라고 보도되어 국내·외로 선풍을 일으킨 바 있습니다.

　그 당시 저는 MK택시의 서비스정신을 배우기 위해 여러 차례 조합 임원들과 일본으로 건너가 실제로 MK택시회사를 방문하였습니다. 나고야에서 열렸던 산업박람회도 관람하였는데, 당시 우리나라에 비해 상상도 할 수 없을 정도로 산업화가 이루어지고 있었습니다.

　그때 저에게 가장 인상적이었던 것은 MK택시회사의 각종 친절서비스였고 그중에서도 특히 택시기사들의 수준 높은 제복이었습니다. MK택시기사들의 제복은 일본 내에서 유명한 디자이너에게 특별히 주문하여 제작한 품위 있는 제복이었습니다. 그들이 입은 제복을 보고 제복이 주는 신뢰감과 안정감을 느낄 수 있었습니다.

저는 그들의 서비스정신을 부산개인택시 사업자들이 배울 수 있는 기회를 만들고 싶었습니다. 그래서 MK택시 유 회장의 친동생을 부산개인택시조합에 직접 초청하여 조합원 700여 명을 모아 강의를 듣는 자리를 마련하였습니다.

이때 저는 부산 개인택시를 MK택시 이상으로 우리나라 택시의 서비스 모델로 만들어 보겠다는 확고한 목표를 세웠습니다.

또한 일본뿐만 아니라 핀란드나 노르웨이 같은 북유럽, 스페인의 바르셀로나, 호주 등 택시문화가 발전해 있는 선진국을 여러 번 직접 방문하면서 전 세계 택시산업의 생생한 현장을 체험하고 우리나라에 어떻게 도입할 수 있을지 고민하였습니다.

국내 최초 택시기사 패션쇼

이를 위해 제일 먼저 시작한 것은 바로 친절운동입니다. 또한 서비스의 기본정신을 세우기 위해 개인택시 기사들이 긍지를 가질 수 있도록 제복을 만들었습니다. 단정한 제복은 그 사람의 행동과 태도도 바꾸기 때문입니다.

저는 패션회사인 성경회사 부산 지사장을 만나 친절운동의 취지를 설명하고 그 기본이 되는 부산개인택시 특유의 고급스럽고 스마트한 제복을 만들어 주십사 적극적인 협조를 당부하였습니다.

조합원과 직원들 중에서 모델도 선발하여 패션쇼도 열었습니다. 우리나라에서 최초로 택시기사의 제복을 결정하기 위해 패션쇼까지 했던 것은 조합원들이 스스로 친절운동에 동참하게 하기 위해서입니다.

그리고 전 조합원들을 대상으로 교육 계획을 세워 매일 5~6백 명씩 친절교육을 받도록 하고, 교육이 끝나면 7가지 제복을 착용한 모델들의 패션쇼를 열어 즉석에서 마음에 드는 제복 번호를 고르게 하였습니다. 그렇게 한 달 내내 전 조합원들이 동참하여 제복을 선정하였던 것입니다.

경쟁력 높이기 위한 쿠폰제도와 친절운동

아울러 시민들의 편의를 도모하고 개인택시 전용 고정고객을 확보하여 개인택시의 경쟁력을 높이기 위해 개인택시조합이 발행하는 승차권 제도와 할인쿠폰 제도를 전국에서 최초로 시행하였습니다. 그 당시 '효도쿠폰' 이라는 이름을 붙였는데, 시민들에게 대대적으로 쿠폰을 발매하여 특히 연로하신 어르신들이 쿠폰만 있으면 택시를 쉽게 이용하실 수 있도록 하였습니다.

이 무렵부터 우리나라 택시업계 역사 이래 최초로 대대적인 친절운동을 전개하였습니다. 부산에서 제일 넓은 낙동강 하구 공터에서 수천 명의 개인택시 기사들이 스마트한 제복을 입고, 교통부 차관과 부산시장, 부산 지역 국회의원들과 귀빈들이 참석한 가운데 친절운동 발대식을 가졌습니다.

부산 개인택시의 이와 같은 친절운동은 제주도 개인택시를 비롯하여 인근 울산광역시, 대전광역시, 경기도 일원까지 거의 전국적으

MK유태식 부회장의 조합방문 대담.

MK택시 유태식 부회장 초청 특별강연회 .

로 큰 반향을 불러일으키며 확산되었습니다.

친절운동과 더불어 깨끗한 제복을 착용하는 분위기가 확산되어 우리나라 택시의 서비스와 친절을 한 단계 업그레이드 시키는 계기 가 되었다고 감히 생각합니다.

이와 같은 노력의 결과 1989년에는 대통령 표창을, 1996년도에는 개인택시 조합원 중 최초로 은탑 산업훈장을 받았습니다.

1979년부터 1995년까지 16년간
조합 이사장직을 연임하면서
부산개인택시 조합을
전국 운수단체에서 가장 발전된
복지조합으로 만들기 위해
내 인생을 송두리째 바쳐왔다.
더 큰 목적인 제도 개혁을 위해
잠시 부산 조합을 떠나
전국 개인택시 연합회 회장으로
활동하였으나,
오래 묵은 제도를 개혁하는 일은
결코 쉽지 않았다.

9

제도 개혁의 꿈을 포기할 수 없는 이유

1979년부터 1995년까지 16년간 부산 개인택시 조합 이사장직을 연임하면서 부산개인택시조합을 전국 운수단체에서 가장 발전된 복지조합으로 만들기 위해 제 삶을 바쳤습니다.

그리고 스스로 이사장 후보를 포기하고 조합을 떠났습니다. 조합을 떠난 이유는 더 큰 꿈이 있었기 때문입니다. 그 꿈 중 가장 중요한 것은 개인택시 면허제도의 모순된 부분을 고치고 개선하는 일이었습니다.

맨 처음 개인택시 면허제도가 시행된 취지는 운전기사들의 사기를 진작시키기 위해 장기 무사고 운전자에게 포상을 하는 개념으로 극소수에게 개인택시 사업면허를 할 수 있게 만든 것이었습니다. 그래서 이 법은 운수사업법의 최하위 법령인 교통부 시행규칙 면허의 특례로 출발한 제도입니다.

그런데 이 제도를 보완하지 않고 무작정 증차를 한 것이 문제가 되었습니다. 택시로서의 기능을 하지 못하는 이른바 장애택시가 양산된 것입니다.

저는 언젠가 기회가 되면 이 제도를 고치기 위해, 정책과 제도를 관리하는 전국개인택시운송사업조합연합회 회장을 맡아 개혁을 하고 싶었습니다. 그리고 결국 1995년 전국개인택시연합회의 제3대 회장에 당선하여 일할 수 있는 기회를 얻게 되었습니다.

더 큰 개혁을 위해 전국개인택시연합회 회장에 진출

제가 이 제도에 대해 계속해서 문제를 제기하는 것은 다음과 같은 이유 때문입니다.

사업자 본인만이 개인택시를 운전해야 한다는 면허 조건은 관련 법령과 충돌되기 때문에 많은 문제가 발생합니다. 예를 들면 운수사업과 직접 관련되는 도로교통법만 보더라도 도로교통법은 모든 차량은 그 차종을 운전할 수 있는 자격 즉 운전면허증을 소지한 자는 누구나 운전하도록 되어 있습니다. 그런데 운수사업법 최하위 법령에 의해 발급된 개인택시 차량은 본인이 아니면 운전할 수 없도록 규정한 것은 양 법이 충돌되는 것입니다.

예를 들어 개인택시 운전기사가 음주운전을 하다가 적발되어 100일 간의 운전면허 정지 처분을 받으면 개인택시 사업 자체를 할 수 없게 됩니다. 개인만 벌을 받는 것이 아니라 개인택시 사업도 정지되는 이중처벌의 모순이 발생하는 것입니다.

특별법을 제정하였을 때 다른 법과 충돌되는 경우가 가끔 발생하지만 이 경우는 특별법이 우선한다는 해결방법이 있습니다.

개인택시의 면허 조건은 비단 도로교통법하고만 충돌되는 것이 아니고 관련 모든 법과 상치되기 때문에 충분히 설명하고 대응하면 해결될 수 있다고 저는 믿고 있었습니다.

제도 개선의 기회는 또 다시 무산되고

그러나 이 모순된 제도에 의해 면허를 받은 개인택시가 40여 년 동안 전국적으로 약 16만 대에 이릅니다. 때문에 이 제도가 정상적으로 해결되면 개인택시 운행이 갑자기 증가되는 결과가 나옵니다. 그래서 첨예한 이해관계에 있는 회사택시와 택시노조가 반대할 사안이기 때문에 신중하게 접근해야 한다고 생각하였습니다.

저는 이 제도의 문제를 개선하기 위해서는 정치적으로도 공론화가 되어 추진되어야 한다고 판단하였습니다. 때가 조금 늦어지더라도 저의 임기 중에 있는 대선 때 공약의 형태로 해결하고자 준비를 하고 있었습니다.

이를 위해 저명한 교통제도 전문 교수와 연구원들을 전국 개인택시 연합회로 초청하여 이 제도의 모순을 설명하고 제도 개정을 위해 필요한 연구용역 계약도 하였습니다. 그리고 교통연구원에서 발표회와 토론을 거쳐 개인택시 제도 개선안을 확정하였습니다. 그러나 아쉽게도 대선 결과가 예상과 다르게 나와 공약도 전부 무산되는 바람에 그간의 노력도 원점으로 돌아갔고, 결국 회장 재임도 포기하였습니다.

10

망가진 조합을 다시 살리기 위하여

부산개인택시조합을 후임자에게 인계하고 떠난 지 3년이 지난 시점이었습니다. 그런데 제가 젊은 시절부터 몸 바쳐 어렵게 일궈놓은 조합을 후임 이사장이 부정과 비리로 얼룩지게 하고 자신은 비리 혐의로 구속되는 사태를 만들고 말았습니다.

제가 떠나기 전까지 조합은 놀라울 정도로 활성화되었습니다. 조합원들의 복지를 위해 각종 생활필수품과 농산물 등을 현지에서 공동구매하여 조합원들에게 직접 공급하는 방법으로 싱싱하고 싼 농산물을 공급하였고, 이웃 시민들도 많이 이용하여 복지매장이 활성화되어 하루에 쌀만 대형트럭 2대 분이 판매될 정도였습니다. 타이어와 오일 등도 조합의 자동차 부품 매장에서 구매하고 현장에서 교환하는 등 개인택시 사업자들의 비용 절약을 돕고 신뢰와 단합을 구축해 왔습니다.

뿐만 아니라 개인택시의 경쟁력을 높이기 위해 국내 최초로 택시 승차권 제도와 할인쿠폰 제도를 시행하여 고정 고객을 미리 확보하는 사업을 시작하여 정착 단계에 있었습니다.

16년 공들인 탑이 한 순간에 무너지다

그런데 후임자가 공명심을 잃고 사욕에 눈이 먼 것이 걸림돌이 되었습니다. 후임자는 농산물 중 쌀 1가마 당 몇 천 원씩 웃돈을 받는 방법으로 7천 여 만원을 착복하고, 심지어 직원을 채용하면서 1천만 원 대의 사례금을 받다가 적발되어 구속된 것입니다.

이로 인해 마치 개인택시조합이 비리의 온상처럼 소문이 퍼져 조합에 대한 불신이 고조되어 모든 복지사업은 쇠퇴하고, 결국 복지매장까지 폐업되는 결과를 만들었습니다. 정착 단계에 있었던 승차권 제도와 쿠폰 제도도 귀찮다는 이유로 중단해 버렸습니다.

복지사업을 통해 어렵사리 신뢰를 쌓아올려 단합을 이룬 금자탑이 한 순간에 무너지고 만 것입니다. 신뢰와 단합으로 발전하던 조합은 불신과 불만의 상징이 되었습니다.

이와 같은 현상이 일어나자 뜻이 있는 조합원들이 저를 찾아와 다시 조합을 위해 일해 달라고 부탁하였고, 저 또한 16년간 인생을 걸고 노력한 결과가 물거품이 되어가는 현실을 보면서 안타까운 심정에 가만히 있을 수 없었습니다.

결국 1998년 부산개인택시사업조합 제10대 이사장에 당선되어, 다시 4년간 조합을 위해 봉사하게 되었습니다. 그리고 바로 이때부터 '택시 정보화사업'을 본격 추진했던 것입니다.

개인택시 운송사업이 처음 면허가 나간 이후
50년이 지난 현재, 개인택시는
우리나라 전체 택시의 60%를 차지하며
우리나라 택시를 대표하고 있다.
따라서 정부의 택시 정책도 회사택시와
개인택시가 같이 발전할 수 있게
기본 방향을 두되
정책의 방향은 개인택시 발전에 초점을
맞추어야 할 시기가 도래하였다.

전국개인택시조합연합회가
설립되기까지

　전국택시조합연합회에 개인택시조합 이사장들이 참석하기 시작한 것은 1979년도부터입니다. 당시는 전국 각 시도 중에서 개인택시조합이 설립된 곳은 서울, 부산, 경기, 전남, 충남 등 5개 시도였습니다. 그러나 이후 개인택시는 전국택시 연합회 회비 1/2 이상을 10년 동안 납부하면서도 기득권의 벽에 부딪쳐 참여도 제대로 못하고, 목소리도 내지 못하였습니다.

　그러다 1987년 4월, 당시 88서울올림픽 개최를 1년 앞두고 전국택시업계 대표들을 교통부 대회의실에 불러 올림픽 준비를 완벽하게 하라는 훈시가 있었습니다.

　교통부 장관의 훈시가 끝나면 업계의 현안 애로사항을 건의하는 시간을 갖게 되어 있다면서, 전국택시조합연합회 측에서 회사택시조합이사장 중 2명과, 개인택시조합이사장 중에서는 유일하게 저에게 건의할 내용을 정해주었습니다.

　당일 교통부 회의 참석자는 교통부장관, 차관, 과장급 이상 간부들, 전국회사택시조합이사장 전원, 서울특별시 택시사업자 다수, 그리고 전국개인택시조합이사장 중에서는 서울, 부산, 경남, 경기 개인택시 이사장 4명만 참석하도록 되어 있었습니다.

　저는 그간 회사택시와 연합회 참여권 문제로 갈등을 빚어온 개인택시조합의 연합회 분리 문제를 장관님께 상세하고 절실하게 다음과 같은 내용을 건의하였습니다.

간곡하고 절실한 건의, 그리고…

　"개인택시면허제도가 시행된 것은 회사택시와 개인택시가 선의의 경쟁으로 서비스가 향상되고 택시가 발전할 수 있도록 하기 위해서였습니다. 각 시도는 회사택시조합과 개인택시 조합이 분리되어 있습니다. 그런데 전국택시조합연합회는 회사택시 조합과 개인택시 조합이 한 연합회에 같이 있어 많은 문제가 되고 있다고 하였습니다.

　개인택시 조합이 전국택시연합회에 회원으로 참여한 지가 10년이 되었지만 회사택시조합연합회는 전국개인택시조합원들로부터 매월 회비는 받으면서 개인택시 조합 이사장들에게는 참여권도 주지 않고 있습니다.

연합회 회비를 납부하면 권리를 갖는 것은 당연한데 10년이 지나도록 권리를 주지 않고 있습니다. 현재는 개인택시가 오히려 회사택시 이상으로 연합회 회비를 내면서도 참여도 못하고 연합회 사업계획이나 예산도 개인택시 발전을 위한 계획이나 예산을 수립한 적이 없었습니다. 개인택시 조합 이사장들이 참여권을 달라고 하면 언제나 상투적으로 개인택시는 연합회에서 따로 분리해 가라고 하였습니다. 오늘 이 자리에는 전국 회사택시 조합 이사장들이 참석하고 있기 때문에 제 말이 틀리는지 자신 있게 물어볼 수 있습니다.

회사택시 연합회와 개인택시 조합 연합회가 분리되면 서로 누가 더 서비스를 잘하는지 경쟁할 것입니다. 교통부 시행령만 개정하면 분리될 수 있습니다. 그리고 개인택시들에게도 교통부에 따로 창구를 열어 주십시오."

꿈에 그리던 전국개인택시 연합회 설립, 그리고 미래

장관은 저의 건의가 끝나자 직접 회사택시 조합 이사장들에게 "개인택시 분리에 반대하지 않느냐?"고 물었습니다. 당시 전국 택시조합 연합회장은 치료차 외국에 있었고 수석 부회장인 서울택시조합 김광열 이사장이 대표로 일어나 '반대하지 않는다'고 하였습니다.

장관은 교통국장에게 교통부가 결정하면 분리할 수 있는지 확인한 후, 즉석에서 전국 개인택시조합연합회 설립 약속을 해주었습니다.

88올림픽이 끝난 후 1989년 3월 29일, 교통부는 자동차 운수사업법 시행규칙을 개정하여 개인택시운송사업조합연합회를 법제화 하였습니다. 법에 따라 1989년 5월 17일 전국개인택시조합 이사장 15명이 창립총회를 개최하고 서울개인택시조합 황의두 이사장을 회장으로 선출하고 부회장은 당시 부산개인택시이사장이던 저를 선출하였습니다. 그리고 1989년 6월 15일 교통부로부터 설립인가를 받았습니다.

이로써 꿈에도 그리던 전국개인택시연합회가 1989년 설립되어 전국 개인택시 16만 5천 명의 공식적 기구 및 교통부 공식 창구가 마련된 것입니다.

그 이미는 형언할 수 없을 만큼 크다고 할 것입니다. 전국 개인택시 조합 연합회가 설립된 자체만으로도 그 의미와 위상은 엄청난 것입니다.

곧이어 개인택시공제조합도 분리 독립되었습니다. 공제조합사업은 전국 각 시도의 조합원 수가 1만 명 이상이 되는 단체만이 설립할 수 있습니다.

우리나라 운수단체는 일본의 체제를 그대로 인용하였는데, 일본 운수업계는 버스, 화물, 택시의 전국연합회 조직이 각각 1개밖에 없습니다. 예를 들면 버스의 경우 시외, 시내, 관광, 장의버스 등 여러 종류의 버스가 있어도 전국버스연합회는 1개입니다. 화물도 법인, 개별, 용달, 화물알선 조합이 모두 1개의 화물연합회에 가입되어 있었습니다. 택시도 회사(법인)조합, 개인택시, 렌트카 등이 1개의 전국택시조합연합회에 가입되어 있었기 때문에 우리나라도 이런 체제를 따르는 것이 불문율로 인식되어 있었습니다.

부산개인택시가 회사택시로부터 분리된 것은 이와 같은 불문율을 깬 신기원이라 할 수 있습니다.

그 후 2~3년이 지나면서 모든 운수업종이 기능별로 분리되기 시작하여 현재는 운수단체 전국조합이 업종별로 16개가 분리되어 분쟁 없이 선의의 경쟁으로 발전하고 있습니다.

연합회 역할 이래서 중요하다

사업자 단체의 가장 중요한 기능은 사업자의 권익보호와 업권의 신장에 있습니다. 개인택시 운송사업이 처음 면허가 나간 이후 50년이 지난 현재, 우리나라 전체 택시의 60%를 개인택시가 차지하고 있고 개인택시는 수적인 면에서 볼 때 우리나라 택시를 대표하고 있습니다.

따라서 정부의 택시 정책도 회사택시와 개인택시가 같이 발전할 수 있게 기본 방향을 두되 정책의 방향은 개인택시 발전에 초점을 맞추어야할 시기가 도래한 것입니다.

국가의 경제 발전과 교통여건의 급속한 변화에 따라 택시운송 사업 자체가 발전의 한계를 맞이하고 있으며, 지하철의 계속적인 확충과 택시 외 다양한 교통수단의 끊임없는 등장은 택시 운송사업의 입지를 계속 좁히고 있습니다.

이와 같은 시대 변화 속에서 개인택시와 같은 영세한 사업자들이 살아남기 위해서는 남다른 노력이 절실히 필요합니다. 이와 같은 자구적인 노력은 개인택시 사업자 단체인 각 조합과 그 연합체인 연합회가 선도적으로 추진해야 합니다. 조합 및 연합회의 역할의 중요성이 과거 그 어느 때보다 중요한 시대가 된 것입니다.

뭉쳐야 산다

저의 인생을 통틀어 개인적인 편안함보다 항상 우선시되었던 것은 우리 택시의 미래였습니다. 가족에게는 이기적인 남편이요 아버지였을지는 모르겠지만 개인택시조합이 어떻게 하면 발전할지, 그리고 조합 식구들이 어떻게 하면 정당한 권리를 찾을 수 있을지 방법을 찾는 것이야말로 제 삶의 가장 큰 보람이었습니다.

인생을 개인택시에 걸다시피 하였기 때문에 대한민국 택시업계의 역사의 현장에서 그 생태와 원리, 그리고 세상에 잘 알려지지 않은 전후좌우 배경에 대해서까지도 자신 있게 말할 수 있습니다.

부산개인택시조합이사장을 연임하고 연합회 활동까지 합치면 23년 넘는 시간을 개인택시 업계의 최전방에서 활동해왔기에 누구보다도 자신 있게 부조리 척결과 개선을 위해 목소리를 보탤 수 있다고 생각합니다.

양떼 속의 양들은 그저 발밑의 풀을 뜯어먹는 데에만 연연합니다. 그러나 누군가는 산 넘어 어디에 넓은 풀밭이 있는지, 늑대에게 습격당하지 않으려면 어떻게 해야 하는지 주변을 살피고 길을 찾아야 할 것입니다. 때로는 늑대와의 전쟁도 불사해야 할 것입니다. 그것은 귀찮은 역할이고 희생을 요구하는 역할일 수도 있지만 양떼를 지키며 다함께 살기 위해서는 반드시 필요한 역할입니다.

저는 그러한 역할을 하기 위해 평생 노력해왔다고 감히 자부하지만, 지난날의 성과와 보람을 떠올리는 데 머무르고 싶지는 않습니다. 지난 50년의 경험을 경험으로만 묵혀 두는 것이 아니라 현재와 미래를 위해 최대한 활용하고자 합니다.

그래서 저에게는 지나간 과거 50년의 발자취보다 앞으로가 더 중요합니다. 택시업계 전체의 더 나은 미래를 위해 계속해서 최선을 다하는 일이야말로 오늘 하루도 운전대를 잡고 고생하고 있을 동료들에게 희망과 함께 뭉쳐야 사는 길을 제시합니다.

밥이 고맙다
일상에 대한 맛있는 인생 레시피
이종완 지음 | 292쪽 | 15,000원

감사, 감사의 습관이 기적을 만든다
정상교 지음
246쪽 | 13,000원

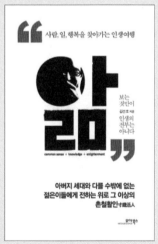

앎
보는 것만이 인생의 전부는 아니다
김선호 지음 | 208쪽 | 12,500원

감정회복
닫혀버린 마음도 열고
사람도 잃지 않는
윤재진 지음 | 248쪽 | 15,000원

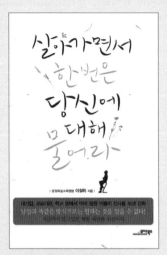

살아가면서 한번은
당신에 대해 물어라
이철휘 지음
256쪽 | 14,000원

헤매고 넘어지고 뒤집기
고정관념을 뒤집는 코칭 전문가
기우정의 감성수업
기우정 지음 | 228쪽 | 13,500원

나인 레버
하는 일마다 잘 되는 사람의
이유를 아는가?
조영근 지음 | 248쪽 | 12,000원

어떻게 삶을 주도할 것인가
비전멘토, 자기경영 전문가 이훈이
제안하는 삶의 의미와 방향찾기
이훈 지음 | 276쪽 | 15,000원

개인택시 규제완화 끝까지 맞서다

초판 1쇄 인쇄 2017년 06월 02일
1쇄 발행 2017년 06월 15일

지은이   황대수
발행인   이용길
발행처   **모아북스**
          MOABOOKS

관리   양성인
디자인   이룸

출판등록번호   제 10-1857호
등록일자   1999. 11. 15
등록된 곳   경기도 고양시 일산동구 호수로(백석동) 358-25 동문타워 2차 519호
대표 전화   0505-627-9784
팩스   031-902-5236
홈페이지   www.moabooks.com
이메일   moabooks@hanmail.net
ISBN   979-11-5849-051 - 5   03280